中国汽车人才培养工程教材

# 汽车营销实务

## 第 2 版

主　编　张发明
副主编　王艳双
参　编　贾惠英

机 械 工 业 出 版 社

本书采用项目化设计理念把市场营销理论知识融入汽车营销实际工作中，注重企业岗位需求。知识模块阐述言简意赅、层次清晰、语言流畅，可读性强。项目实施融入了情景引入、任务设计、项目考核、任务评价及课后作业五大核心部分，力求促进"知行合一"。本书尤其强调理论知识的学用结合，以期帮助学生尽快从"学校人"成长为"企业人"。

本书通过对汽车营销案例的剖析和研究帮助读者更进一步掌握理论知识且灵活运用，两者齐头并进，双管齐下，构建汽车营销人才的立体式培养体系。

本书适合作为应用型本科院校和高职院校汽车营销专业的教材用书，也可供广大汽车营销职业从业人员学习和参考。

## 图书在版编目（CIP）数据

汽车营销实务/张发明主编 . —2 版 . —北京：机械工业出版社，2016.7

中国汽车人才培养工程教材

ISBN 978-7-111-54000-7

Ⅰ.①汽… Ⅱ.①张… Ⅲ.①汽车—市场营销学—教材 Ⅳ.①F766

中国版本图书馆 CIP 数据核字（2016）第 129826 号

机械工业出版社（北京市百万庄大街 22 号 邮政编码 100037）

策划编辑：赵海青 责任编辑：赵海青

责任校对：王 欣 封面设计：马精明

责任印制：乔 宇

北京玥实印刷有限公司印刷

2016 年 7 月第 2 版第 1 次印刷

184mm×260mm・9.75 印张・228 千字

0001—3000 册

标准书号：ISBN 978 -7 -111 -54000 -7

定价：28.00 元

凡购本书，如有缺页、倒页、脱页，由本社发行部调换

电话服务　　　　　　　　　网络服务

服务咨询热线：010-88379833　机 工 官 网：www.cmpbook.com

读者购书热线：010-88379649　机 工 官 博：weibo.com/cmp1952

教育服务网：www.cmpedu.com

**封面无防伪标均为盗版**　　金 书 网：www.golden-book.com

# 前言

本书致力于为我国汽车产业的发展培养高技能和高素质的应用型专业人才。

本书重点突出"能力本位，行动导向"的项目化设计理念，致力于达到"学中做，做中学"的教学和应用效果。每个项目由知识模块和项目实施两大部分构成。在项目实施部分中，本书紧扣汽车企业营销岗位的能力要求，融入情景引入、任务设计、项目考核、任务评价和课后作业五大体系，是本次再版改进较大的部分。另外，在每一个项目中，本书精炼了知识目标、能力目标和素质目标这三大综合培养目标体系，是本书的又一创新之处。

本书由张发明先生提出具体的写作思路和知识架构，负责统稿工作，并撰写项目一、项目二、项目三、项目四、项目六；王艳双女士撰写项目四、项目五、项目八；贾惠英女士撰写项目七。

在写作过程中，编者从众多市场营销专家和汽车营销业界人士的研究成果中吸取了诸多有益的理论知识和思想精髓，在此表示诚挚的谢意。

鉴于编者的才识和能力所限，书中瑕疵也在所难免，我们真切希望各位专家、同行，以及广大读者不吝赐教，提出更多优秀的建议，以利把本书做得更好，服务于广大读者。

编　者

# 目录

CONTENTS

## 项目三　汽车促销策略　　35

## 项目四　公共关系与汽车营销　　54

## 项目五　展厅销售流程与沟通技巧　　72

## 项目六　二手车销售实务　　90

## 项目七　汽车营销客户关系管理　105

## 项目八　汽车营销新机会　123

## 参考文献　150

# 项目一

## 认识汽车营销

**知识目标**

掌握　经营观念发展　市场营销观念　社会营销观念　汽车营销含义　汽车营销发展

**能力目标**

能够　辨别营销方式　熟悉营销组合　分析营销功能　运用营销观念　胜任营销岗位

**素质目标**

具备　口头表达能力　团队协作精神　创新能力　严谨工作态度　持续学习能力

## 【开篇阅读】

<h2 style="text-align:center">永不止步的福特汽车</h2>

1908—1927年，"T型车"（见图1-1）是全世界第一辆普通百姓买得起的汽车。第一年，"T型车"的产量达到10660辆，创下了汽车行业的纪录。至1927年停产，"T型车"共售出了1500多万辆。

福特汽车公司生产的全新的"T型车"造型简单，就像是在四个轮子上安了一个大黑匣子，各部分可装可拆，可以自由组装成多种实用的农用机械，并针对美国当时的道路状况设计了较高的底盘，可以像踩高跷一样在颠簸的路上顺利行驶。同时，该车还去除了不必要的附件，车身重量减轻了，造价也大大降低。福特汽车公司大力改革公司内部的生产线，在占地面积为278acre$^{\ominus}$的新厂区首先采用现代化的大规模装配作业线，生产

图1-1　福特"T型车"

效率从过去12.5h生产出一辆"T型车"，降到9min生产出一辆车，大幅度地降低成本，使价格最终降到240美元/辆。同时，福特汽车公司提出："不管顾客需要什么，我的车都是黑色的"自我为主的经营策略，以"黑色车"作为公司的象征。

1962年，亚科卡担任福特汽车公司分部总经理，面对福特公司的衰败，他决心力挽狂澜，重振福特雄风。亚科卡首先意识到福特原有车型在外观上与潮流不符，人们都偏爱美观新潮的车型，而福特还是老观念当家，忽视外形，一味地注重车辆机械性能，在一些细节设计上为用户考虑不周，如车上没有行李架，给人们行车造成不便。他在研究市场的过程中还发现，上一代汽车用户的原有车辆基本老化，许多人正准备买一辆时髦新颖的豪华车。另外，第二次世界大战中出生的孩子都已长大成人，西方国家仅20~24岁的人口就增加了50%以上，这代人追求高档、新潮，原车型很难满足他们的需求，而他们正是一个巨大的汽车消费群体。

基本思路确定后，亚科卡马上组织专业人员开始全力设计市场需要的新车型，并用第一次世界大战中所向披靡的战斗机的名称"野马"为该车命名。不仅因为"野马"在第一次世界大战中家喻户晓，而且"野马"还能让人们与风驰电掣、不拘一格的感觉联系在一起，对新一代人来说一定具有强烈的吸引力。为更加符合"野马"这一名称，设计者们又对新车的外形做了一些改进，他们将车身染成白色，却将车轮涂成红色，车尾的保险杠向上弯曲，仿佛一匹正在昂首阔步向前奔跑的骏马，独特而抢眼。他们还把车标设计成狂奔中的野马，安装在车前护栅中。这下，新车真的成了一匹不驯的野马。

（资料来源：改编自网络，南京，廖华）

---

$\ominus$　1acre（英亩）=4046.856m$^2$。

# 第一部分 知识模块

很多汽车营销人员认为，营销人员对于汽车基础知识的掌握必不可少。汽车营销人员学习汽车知识的出发点是为了更好地了解汽车这架神秘机器的构造，为市场调查、撰写营销方案做基础准备。因此，在学习本书之前，我们应当具备一些关于汽车的基础知识，了解汽车的使用。

## 模块一　企业生产经营观念的发展

### 单元一　经营观念的含义

经营观念是企业开展营销活动的基本指导思想，西方称之为"经营哲学"，是指企业在组织和谋划企业的营销管理实践活动时所依据的指导思想和行为准则，是企业管理者对市场的根本态度和看法。经营观念指导着企业的各项活动，决定着营销的成败。只有正确解决这个问题，才有可能制定正确的营销战略与策略。任何企业在不同的发展阶段都会秉承自己认为最适合的经营观念从事企业的生产经营活动，在【开篇阅读】中，我们了解了福特汽车经营观念的发展过程。

#### 小知识

**汽车"疯子"——李书福的造车理念**

在企业成立之初，吉利汽车的创办人李书福旗帜鲜明地提出：造中国老百姓买得起的轿车。吉利汽车通过大幅度降低汽车的生产成本和销售价格，让中国老百姓第一次与汽车亲密接触。后来，随着企业规模的发展壮大，以及产品技术的逐步成熟，李书福提出了造中国老百姓买得起的好车，从汽车技术和功能上进一步满足消费者的需要，把消费者的利益放在了显著位置。随着企业规模进一步扩大，李书福又提出了造最安全、最节能、最环保的轿车。这体现了吉利汽车不仅仅关注自身利益，还关注客户利益，更加关注社会利益，尤其体现了环保意识，这就与时代的主旋律融合在一起了。吉利汽车经营观念的不断更新是针对企业面临的不同环境提出的应对策略。

## 单元二　企业经营观念的发展阶段

从发达国家成熟的市场经济来看，企业经营观念经历了一个发展、演变的过程。其中，典型的经营观念包括以下五种类型。

### 一、生产观念

生产观念是以生产为中心的企业经营指导思想，是指导企业销售的一种最古老的经营观念。这种观念认为，消费者喜欢那些随处可以买到且价格低廉的产品。因此，企业的任务就是提高生产效率，重点考虑"我能生产什么"。这是一种"重生产、轻市场"的观念。在这种观念指导下，企业注重扩大规模和提高生产效率以提高产量和降低成本，而产品质量、特色和服务往往被忽视，企业认为"我生产什么，消费者就会购买什么"。

生产观念是在生产力水平比较低，市场产品供不应求、产品短缺现象广泛存在的背景下出现的。在这种情况下，企业生产的产品不愁找不到买主，所谓"皇帝的女儿不愁嫁"。显然，生产观念是在卖方市场条件下产生的。这种情况在美国20世纪初期的20多年中表现最为典型；在我国20世纪80年代，大多数企业也奉行这样的经营观念。

生产观念使企业在商品供不应求时能够以低投入、高收益而使企业得到最快发展。但是，当商品严重供不应求的状况得到改善，顾客选择余地增加时，就会使企业生产的产品难以适应消费者多样化的需求而出现产量越大，积压越多，亏损越严重的情况，企业若不及时转变观念就会被市场淘汰。

### 二、产品观念

产品观念是指企业把提高质量作为一切活动的中心，以此扩大销售并取得利润的一种经营指导思想。这种观念认为，消费者会选择质量高的产品，企业只要提高了产品质量、增加了产品的功能，就会顾客盈门。与生产观念相比，产品观念的不同点是，它不仅注重了生产数量，还注重了产品质量；不仅注重了价廉，还注重了物美。其共同点是，它仍然发生在卖方市场的背景下，仍然以生产为中心，不注重市场需求，不注重产品销售。可以说，产品观念是生产观念的后期表现，两者在本质上是一样的。所谓"好酒不怕巷子深"，就是这种观念的具体体现。

产品观念的优点是在市场上同类产品已供过于求而名牌产品却供不应求的条件下，帮助名牌产品生产企业扩大销售，增加利润。

产品观念的缺陷是导致"市场营销近视症"，即过分重视产品而不重视市场需求。事实上，产品只不过是满足顾客需求的手段。同一需求往往有多种产品予以满足。例如，旅客出行可以选择火车、汽车、轮船和飞机等多种方式。铁路部门若认为顾客需要的是火车而不是交通，就会忽视日益增长的客车、小汽车、飞机和轮船的竞争。

在市场供应增多，竞争加剧，消费需求改变而造成市场环境压力增大时，实行产品观念的企业将难以吸引顾客。具体有三个方面：一是重视产品质量而忽视产品更新；二是注重产品生产而忽视整体营销；三是重视行业内竞争而忽视行业外威胁。

### 三、推销观念

推销观念认为，消费者只有在企业强力促销的刺激下才会购买产品，把强迫和引诱顾客购买作为一切经营活动的中心，以此扩大销售，取得利润。

推销观念是在"卖方市场"向"买方市场"过渡期间产生的。从20世纪20年代开始，由于科技进步和科学管理，致使生产大规模发展，产量迅速增加，导致产品供求状况发生了变化，逐渐出现某些产品供过于求，卖主间的竞争日趋激烈的现象。这使企业家们认识到，即使产品物美价廉也未必能卖得出去。于是，企业需要大力刺激消费者的购买兴趣，否则消费者就不会购买本企业的产品，或者只会少量购买。企业开始注重产品的推销工作，包括重视广告、推销和市场调查等。

推销观念与前两种观念的不同点是，前两种观念"以生产为中心"，不重视产品销售；而推销观念"以销售为中心"，"货物出门，概不退换"。推销观念的基本认识是，产品是被卖出去的，而不是被主动买走的。推销观念与前两种观念的共同点是，都不注重根据市场需求去开发相应的产品，不重视在品种、花色、服务和各种保证方面满足顾客需求，企业目标是销售能够生产的东西，而不是生产能够销售的东西，仍然是"以产定销"。

在企业与顾客的关系是一次性交易且已购买产品的顾客对其他未购买的顾客不会产生影响时，推销观念非常有效。车站、码头、机场附近的商店对外地旅客多采用这种观念。在商品供应进一步增多，顾客挑选余地增大，以及法制完善和市场环境压力增大的条件下，推销观念就难以适应市场。一是产品销售以产品本身受到顾客喜爱为前提，企业经营中比推销因素更重要的是产品的品种、规格、性能、样式、售前与售后服务和各种保证方面都要满足消费需求；二是企业在生产出消费者并不喜欢的产品之后采用种种引诱和欺骗手段强行推销，这种做法既损害消费者利益又损害企业信誉，潜在顾客越来越少，企业最终走上绝路。

然而，对于那些顾客确有需要又不愿意主动购买的产品来说，推销观念仍然可发挥作用，如保险、墓地。关键在于推销者要善于发现潜在的消费者，并进行有针对性推销，而不是盲目推销；推销的结果要能够给对方带来实在的利益，而不能损害其利益。

**四、市场营销观念**

市场营销观念是指企业把满足顾客需要作为一切生产活动的中心，通过顾客的广泛购买和重复购买来扩大销售和增加利润的一种经营指导思想。其具体表现为，顾客需要什么，我们就生产什么。其主要特点是，首先分析顾客需要，确定目标市场，然后根据市场需要来进行产品设计开发、生产、促销和售后服务等整体生产经营活动，从而满足目标市场的需要。著名管理学家彼得·杜拉克说过："营销的目的是使推销成为多余。"理想的营销会带来准备来购买的顾客，剩下的事就是如何便于顾客得到产品或服务。

市场营销观念是在买方市场形成后产生的。其基本特征是"以销定产"，以消费者为导向。它的产生、发展有着深刻的经济、社会背景。20世纪五六十年代，市场上商品供过于求的现象继续发展，市场竞争越来越激烈，消费者需求变化也越来越快，企业面临越来越严重的市场问题，于是市场营销观念"在险恶形势逼迫下"产生了。

市场营销观念的出现被誉为是企业经营思想的大变革，是新旧经营观念的分水岭，是一场"经营观念的革命"。就其作用而言，人们又经常将其与资本主义的"工业革命"相媲美，被称为市场营销学界的"哥白尼太阳中心说"。上述三种经营观念都是以企业为中心，只考虑企业自身情况而不考虑消费需求，迫使消费者接受自己所不喜爱的产品，认为顾客应当围着企业转。这完全颠倒了顾客同企业的关系，就如同"地球中心说"颠倒了太阳和地球的关系一样。而市场营销观念是以顾客为中心，认为企业应当适应顾客，围着顾客转。这才摆正了顾客和企业的关系，就如同哥白尼"太阳中心说"摆正了太阳和地球的关系一样。

市场营销观念使企业在买方市场条件下更好地满足顾客需求，从而保证企业的生存和发展。虽然企业把顾客放在第一位而服务得无微不至，增加了经营成本，但是不如此，企业就不能生存。

随着实践的深入，市场营销观念也暴露出一些问题，主要表现是，在强调满足消费者眼前利益的同时有可能忽视消费者长远利益，在强调满足消费者个人利益时有可能忽视社会整体利益，还有些不正当的消费需求根本不应当满足。

**五、社会营销观念**

社会营销观念是指企业以兼顾顾客眼前利益和长远利益、顾客个人利益和社会整体利益而开展一切活动，在取得顾客信任和社会好评的基础上扩大销售和增加利润的一种经营指导思想。它要求企业在制订市场营销策略时，必须兼顾三个方面的利益，即社会利益、消费者利益和企业利益，而且企业利益是建立在消费者利益和社会利益的基础之上的。

社会营销观念是20世纪70年代以后出现的新观念。当时，以美国为首的西方国家在经济高度发展的同时，面临着一系列严重的社会问题，企业为牟取暴利，发布欺骗性广告，以次充好、以假充真、缺斤短两，甚至还以不卫生、不安全的产品欺骗顾客，严重损害了消费者的健康和威胁消费者的安全，还出现了环境污染、资源浪费等问题。究其根源，主要是企业只重视消费者当前需要和眼前利益，忽视了社会整体利益和长远利益。在此背景下，社会营销观念便应运而生。

社会营销观念和市场营销观念没有本质上的差别。它只是对市场营销观念的进一步补充和完善，是市场营销观念的发展和延伸，是在特定社会背景下社会对企业提出的新要求。

| 模块二 | 汽车营销观念的发展 |
| --- | --- |

## 单元一　汽车营销的含义

汽车营销是指有关专业人士运用市场营销学的知识，对汽车产品的潜在市场进行调查和预测，以此来判断消费者需求，从而按消费者需求进行汽车研发、生产、销售、售后服务全过程的经营管理活动。简而言之，汽车营销就是汽车营销人员针对潜在消费者发现需求、创造需求和推销需求的完美结合。要想理解汽车营销，就要把握如下四个要点。

**一、汽车营销始于消费者的需要**

汽车企业首先应通过调查来预测消费者的需要，然后针对其需要，决定采取何种产品或服务满足其需求，以此实现企业的经营目标。

**二、汽车营销的目的是与消费者建立关系**

汽车企业通过售前、售中和售后服务为消费者提供满意的服务，以此建立较长久的客户关系，获得忠诚度。一次交易只是构建与消费者长久交易的一部分，只是建立长久关系的开始。

### 三、汽车产品包括实质产品和服务产品

汽车作为交通运输工具，同时还是现代文明的产物。其使用寿命较长，购买与维修的代价较高，技术含量较大，因此，要求企业在不同阶段始终以服务与实物相伴，这样既能满足消费者需求，又能带来企业利润，更便于建立买卖双方的共赢关系。

### 四、汽车服务可以增值

汽车企业把产品卖给消费者仅仅是万里长征走完了第一步，后续还有很多工作，如帮助客户上牌照、办理保险、进行汽车内部装饰、进行后期保养与维护等，这些都可以为汽车产业链条上的某一个环节带来经济效益。

## 单元二 汽车营销发展阶段

近 100 年来，汽车的生产和经营大致经历了以下几个发展阶段。

### 一、以产品为导向，以产品创新为核心工具的营销阶段

早期的汽车产业，一个突出的特征就是产品相对短缺，供不应求，消费者没有选择。谁能够批量生产消费者买得起的汽车，消费者就购买谁的产品。

> **小知识**
>
> 1910 年前后的福特汽车公司是这个阶段的代表性企业。福特汽车公司强调，只要产品价格便宜，美国人能够买得起，汽车就能够销售出去。从严格意义上看，营销在这个阶段并非真正存在。企业的营销战略与手段非常简单，就是降低成本，低价格制造。产品销售的核心因素是价格和产品，其他销售手段都处于辅助状态。例如，在方便大家购买的地方设立销售网点，提供简单的汽车维修服务。汽车的质量即使出现一些问题，也没有关系，在汽车刚刚诞生的早期，消费者实际上没有选择，只有福特汽车公司能够提供大家买得起的汽车。特定的环境、特定的战略使福特汽车公司在 1920 年前后达到了企业发展的顶峰，产品市场占有率达到全球 75%。

我国在 1992 年之前也处于这个阶段。由于汽车产品非常有限，只有桑塔纳等极少数品种的轿车。1991 年，我国引进了奥迪 100，但从总体上看，产品数量仍然有限，供不应求。汽车厂家只要按照国家计划把汽车生产出来就可以了，而国家则根据需要的程度分配汽车指标到各省市所属的汽车贸易公司并履行交车手续。

在供不应求的背景下，汽车营销理论研究的对象就是如何分配有限的汽车资源，如何解决顾客排队的问题，如何根据汽车数量确定最低服务水平的维修网点。因此，这个阶段的营销理论，从本质上看，其实就是渠道与配送体系的理论。

### 二、以多种营销手段创新为核心工具的营销阶段

短缺导致早期参与竞争的企业获得了巨额利润，这使得原有企业不断扩大生产，其他企业也积极进入汽车市场，于是竞争出现了。尽管这个阶段竞争水平很低，但是已经迫使汽车厂家开始进行多方面的营销创新，营销实践与理论开始进入第二个阶段。

第二个阶段营销的突出特征就是之前简单依靠产品与价格的厂家，为了赢得市场，销售产品，开始使用多种销售工具。例如，开发新的产品、调整价格、进行广告宣传与品牌塑造、创新销售渠道等。汽车营销进入了多种营销手段创新的时代，这个阶段的代表是通用汽车。

**小知识**

在20世纪初期，通用汽车公司在福特汽车公司的低价格、单一产品战略下濒临破产。面对福特汽车公司给予的压力，斯隆进行了现代意义上的营销战略创新，他把通用汽车公司分散的多品牌工厂整编成一个运用现代化事业部管理方式管理的统一的多品牌企业。面对福特汽车公司在成本上不可动摇的优势，通用汽车公司进行了全面的系列价值创新。通用汽车公司从不同层次消费者的不同需要出发，发挥自身多品牌的优势，对市场进行细分，并且针对不同市场推出了不同价位、不同品牌的产品，如用雪佛兰满足低端消费者的需求，用别克等产品满足中端消费者的需要，用凯迪拉克等产品满足高端消费者需要。由于产品面向不同购买能力的消费者，并且形成了针对不同消费者的产品、广告宣传和销售体系，使得以品牌为特征的汽车营销开始发展起来，而销售点也变成了具有品牌特征的专卖店。这种多功能创新对市场起到了有效的推动作用，1930年，通用汽车公司超过福特汽车公司，成为全世界最大的汽车公司。

我国汽车营销在1992年到1999年这段时间表现出了第二阶段营销理论的许多特征。1993年之后，汽车市场处于相对疲软状态。合资引进的车型，初期并没有被消费者充分接受，捷达等品牌碰到了前所未有的困难，在这种背景之下，企业开始尝试营销创新。由于产品、价格主要由外资企业确定，所以能够进行营销创新的领域是品牌宣传和渠道建设。这个阶段的汽车营销的突出特征是品牌营销，就是以重大事件为核心来展示品牌，进行覆盖式重点宣传，同时配套其他沟通方式。这方面的典型代表是捷达。

**小知识**

为了解决市场困难，捷达开发了一套以深度品牌价值为核心，以重大展示品牌价值的事件为支点，以消费者关注的利益为出发点的品牌塑造体系，开始了积极的品牌塑造。1996年4月，捷达品牌推出了60万km无大修活动，1997年和1998年，捷达围绕着品牌推出了系列的品牌公关创新活动，逐步改变了捷达在市场上的被动局面。两年之后，捷达在广州、深圳的出租车市场占有率从1996年年初的5%提升到80%，取得了突破性增长。捷达另一个系列活动就是针对家庭轿车市场开展赛车宣传，由于是第一家系统应用赛车进行宣传的企业，并且组成了可以参加国际汽车联合会的中国比赛车队，在此后4年举办的国内7次大赛活动中，捷达获得了6次冠军，从而奠定了经济耐用赛车式汽车的口碑，为自己的发展奠定了基础。

这个阶段，我国的汽车营销手段尽管有所创新，但是并没有达到系统创新的程度。由于合资企业与我国汽车制造技术的限制，战略品牌营销手段并没有跟上，该阶段营销主要是单一营销功能，即宣传因素的创新。

### 三、以 4P 整合营销功能为核心工具的营销阶段

20 世纪 60 年代，美国汽车营销进入了营销发展的第三阶段，即整合营销阶段。1962 年，美国营销专家第一次提出了 4P 营销理论，将单一营销功能效率的研究提升到整合的发展阶段，形成了更加系统的 4P 专业化工具。这个理论的核心观点是，一个产品的销售，不仅仅取决于单一营销功能的创新，而是取决于产品、价格、渠道和促销四大方面的系统努力。企业产品要销售出去，必须保证这四大方面都达到一定优势且整合营销。这个阶段的典型代表有福特汽车公司、通用汽车公司等世界知名公司。

> **小知识**
>
> 1964 年，美国福特野马车上市时就系统采纳了整合营销沟通手段。具体从四个角度进行整合：第一，组织了 100 多名记者，进行一场从纽约到另一个地方的汽车大赛，使记者们在动态之中感受到野马车的好处；第二，动员了全美国 300 多个杂志社发表关于野马的文章，其中特别成功的是动员了《时代周刊》和《商业周刊》把野马上市作为封面专题；第三，在全美国 200 多家杂志、报纸上刊登了福特汽车的整版广告；第四，购买了美国主要机场和全国 200 多个五星级酒店的展示厅，摆上新汽车。结果，野马一上市先声夺人，赢得了消费者喜爱，取得巨大成功，一举成为该年度第一品牌。在这个营销阶段中，福特产品体现了整合营销的两个特点：一是方案的系统性，强调所有的营销必须紧密地配合起来；二是强调产品上市的宣传力度，一定要保证具有足够影响力的产品在市场上推出，产生爆炸性的效果。

从 1999 年开始，我国汽车营销也进入第三阶段，即以 4P 营销理论为核心的阶段。在这个阶段，由于跨国汽车公司大量进入我国，为跨国公司提供服务的营销服务机构，如广告公司、公关公司也涌入我国市场，他们带来了多年习惯采用的整合营销理论的一些做法，于是，以 4P 营销理论指导下的汽车品牌推广手段逐渐取代了第二代单一品牌宣传的做法。在实践上，产品主要由跨国公司提供，价格也主要由跨国公司根据市场确定。因此，我国汽车营销主要是在宣传方面沿袭美国汽车 20 世纪 60 年代开始普遍运用的整合营销沟通体系。其特征就是在产品与价格确定的背景下投入大量广告，铺天盖地地宣传，建立 4S 店统一形象的服务体系。汽车新兴品牌迅速崛起，单台汽车的营销费用也不断上升。在 1995 年到 1999 年期间，每台捷达轿车的品牌促销费用只有 500 元，但是在 1999 年到 2002 年，全国平均单台轿车的费用上升到 1800～2000 元的水平。整合营销理论成为汽车营销的主流。产品、价格、渠道、促销四位一体的整合营销品牌宣传模式成为汽车厂家的主要营销工具。在汽车零售产业中，由于汽车井喷带来的巨大利润，使整合营销战略也得以在汽车零售市场顺利实施。2000 年开始，建设 4S 店成为潮流，我国汽车营销渠道正式

进入了以厂家主导的4S店时代。

### 四、石油危机导致需求管理的理论成为主流营销理论

4P营销理论并不是汽车营销发展的终结。20世纪70年代全球经济受中东石油危机影响陷入困境，全球油价暴涨，导致4P营销原理指导下的大型轿车企业出现了营销危机，也暴露了4P营销理论的局限性，于是汽车营销理论进入了第四个发展阶段。

面对全球暴涨的油价，高收入的美国人也难以承受传统大型轿车高能耗所带来的负担。虽然美国三大汽车集团生产的大型轿车在产品质量、外观设计上没有什么毛病，但是高油价导致消费者的需求发生转移，流行全球20年的大型车出现了销售困难的现象，消费者纷纷把购买的目光转向了小型车，结果导致按照第三阶段营销标准设计的大型高能耗轿车出现了滞销。人们认识到，4P营销理论虽然强调了专业营销工具的系统性和一致性，但是却忽视了营销最关键的因素——消费者的需求。就汽车产业而言，汽车的好坏并不能按照常规习惯的标准来判断，而是要分析与研究消费者需求，分析研究不同环境下消费者需要的变化。对汽车生产商来说，比4P营销理论更加重要的是需求管理与需求分析，只有构建产品最大限度适用市场的基础，企业的4P营销理论才能在销售上发挥作用。从这个观念开始，汽车真正进入了关心消费者需求的营销时代。

第四阶段的营销要求多方位、全角度地接触消费者，对消费者的需求进行系统管理。这种崭新的营销需求管理理念的出现，带动了全球汽车营销的革命，这个阶段的典型代表是丰田汽车公司。

**小知识**

按照多方位、全角度接触消费者的标准，丰田汽车公司开展了一县一店的工作，要求各店人员对市场需求进行准确管理。大量丰田人员深入每个家庭访问消费者，了解消费者对汽车的需求，帮助消费者分析丰田汽车是不是能够满足他的基本要求。然后，不管消费者是否买车，都要求对消费者需求进行管理和控制，有效地进行需求分析和挖掘。这些做法帮助丰田汽车公司逐步掌控了日本的汽车市场，实现了长时间保持40%市场占有率的目标。

这一模式的成功，使整个全球汽车产业进入了典型的汽车营销第四阶段。

### 五、处于萌芽与发展阶段的价值战略营销

目前，第五阶段营销处于萌芽与发展状态，但是，它已经表现出明显不同于以往的营销特点，那就是高度强调消费者的利益和价值，要求厂家在成本和费用能够支持的背景之下，尽可能实现消费者价值最大化。

在21世纪汽车领域，创造消费者价值最大化突出表现在以下几个方面。

（1）定制化。美国已经把定制一款汽车的交货周期压缩到20天，允许消费者根据实际需要调整自己的利益和价值。

（2）针对市场需求开发出多种车型，满足市场需求。

（3）多方面满足消费者的利益和价值。从贷款服务到汽车维修保养，形成完整的价值服务体系，并且根据市场的竞争状况和消费者的居住状况，灵活地调整价值的构成。

（4）深度塑造品牌价值。在这一方面，日本汽车企业做得非常成功。他们大量宣传管理模式和方法，并且在产品营销中切实让消费者体验和感受日本产品的优势和特征。日本很多汽车产品在美国销售时，超过了美国本土的甚至同样技术和风格的汽车。日本汽车销售的价格可以比美国汽车高10%，就是依靠这样一种多层次、多角度塑造品牌的方法，立足价值设计品牌手段。

（5）从未来社会利益出发，开发节油汽车。例如，日本丰田汽车公司已经开发出油电混合动力的发动机，大大增加了行驶里程。

对上述汽车品牌来说，目前并不存在销售的困难，但是，这些企业之所以提前进行这样的准备与开发，一个突出的目标就是在创造消费者价值上实现全球领先。

## 【章末阅读】

### 营销理论与实践的交流学习无处不在

虽然关于营销的理论、方法、体会、思考等，销售公司、经销商中几乎每一个人都能各抒己见，但在这样一个直接面对市场、用户和竞争对手的营销环境中，强调营销理念、理论和经验做法的交流学习依然显得非常必要。某汽车集团在这方面采取了以下行之有效的做法。

（1）销售公司每月召开销售中心经理会议，每季度分别召开全体销售代表、服务代表会议。每次在会上，大家都要做市场分析报告，并结合一些经销商和营销业的实例进行讲解，同时还要介绍一些经销商的经验做法。在会议现场，参会人员经常会拿某个地区的报纸，或是经销商或竞争对手的宣传单页或一些其他促销实物，或者播放商家的相关PPT等，具体形象地进行经验做法的交流学习。

（2）实施较为系统的培训。每次公司月度和季度会议期间，除了贯彻传达公司精神、学习商务政策、学习一些业务流程以外，公司还外聘老师对销售代表进行专业培训。在驻外市场，公司销售服务人员也要贯彻公司要求，组织商家在区域内进行学习交流。每年春季，公司的组织企划人员到全国分片区组织商家的企划人员、销售人员进行业务培训，共同研讨市场。目前，公司已经在培训材料编印、课程设置、组织培训班等方面积累了经验。

（3）重视与商家面对面交流性研讨。公司根据需要邀请一些经销商参加销售话术的整理。公司的各级领导进行市场视察时，都非常重视与经销商的老板、经理、导购员、企划员等进行座谈，重视商家经验的挖掘和推广学习。例如，一个大区经理走访市场时，除了询问经营销售情况以外，还要召集商家的员工一起座谈，了解各自的职能和职责，询问都做了些什么工作，跟他们讲解回访客户的重要性和对潜在客户管理的重要性，分享其他商家的好经验、好做法。同时，他们也非常注重商家的一些实例的介绍，随时拿出一些商家的推广单页或钥匙扣等实物介绍。例如，作为集团直属的当地销售分公司最近就收集整理了四个PPT文件，以便销售人员在市场巡视时用来给其他商家进行推广学习，这四个文件包含的内容分别是南方经销商的装饰车、改装车经验，月度会议流程及内容，展厅管理，部分经销商的实战案例等。

（4）通过刊物和网站平台促进交流学习。集团三年来专门办了《××汽车》期刊，以"平台、信息、技能"为宗旨，促进了商家在营销理论、经验、方法上的学习交流。同时，销售公司又推出了经销商企划网，全国经销商的企划人员可以通过互联网下载公司政策、通知、执行方案，可以交流各自的想法、案例、照片、文字。

此外，销售公司内部员工的入职培训、业务培训开展得更多，因为销售公司大多数的业务都是面对商家的，政策性强，业务流程严谨，信息处理量大，内部人员的培训就成为重中之重。

（资料来源：改编自网络，佚名）

# 第二部分 项目实施

## 环节一 情景引入

### 冬奥会开幕式突发故障 奥运五环差一环

北京时间2014年2月8日24：14，俄罗斯索契冬奥会开幕式在全世界的瞩目下揭开神秘的面纱。在10s倒计时过程中，两块大屏幕在倒数5s时黑屏。与往届奥运会类似，开场整体介绍了俄罗斯风情之后，以一个必备的环节收尾——奥运五环标志的形成。伴随着优雅的音乐，空中一直漂浮的五朵雪绒花有四朵慢慢变大汇聚在一起，可以看出即将形成奥运五环。但是右上角的一朵雪绒花却一直没有展开，突发重大故障，如图1-2所示。索契冬奥会官网上随后发出消息，承认五环展示环节出现失误。

图1-2 俄罗斯索契冬奥会开幕式五环展开时出现故障

## 环节二 任务设计

任务一：仔细阅读《营销理论与实践的交流学习无处不在》一文，思考学习的重要性。

任务二：结合情景引入案例内容，用汽车创意策划思考如何弥补缺失的那个圆圈。

任务三：收集并加工吉利汽车发展的相关资料。

任务四：撰写报告，要求 2000 字。

任务五：制作 PPT，并以小组为单位在课堂上宣讲。

## 环节三 项目考核（表 1-1）

表 1-1 项目考核

| 考核类别 | | 考核指标 | 考核等级 | | | |
|---|---|---|---|---|---|---|
| 过程考核 | 通用技能 | 交际表达，团队合作 | □及格 | □中等 | □良好 | □优秀 |
| | | 数据分析，市场敏感 | □及格 | □中等 | □良好 | □优秀 |
| | | 创新能力，数据收集 | □及格 | □中等 | □良好 | □优秀 |
| | 专业技能 | 产业趋势，市场预测 | □及格 | □中等 | □良好 | □优秀 |
| | | 顾客管理，工具应用 | □及格 | □中等 | □良好 | □优秀 |
| | | 竞争分析，创新策略 | □及格 | □中等 | □良好 | □优秀 |
| 结果考核 | 分析报告 | 专业用语，文笔流畅 | □及格 | □中等 | □良好 | □优秀 |
| | | 市场把握，分析透彻 | □及格 | □中等 | □良好 | □优秀 |
| | | 逻辑缜密，结构完整 | □及格 | □中等 | □良好 | □优秀 |
| | PPT 制作 | 构图雅致，层次感强 | □及格 | □中等 | □良好 | □优秀 |
| | | 文字凝练，重点突出 | □及格 | □中等 | □良好 | □优秀 |
| | | 图文得当，画面清晰 | □及格 | □中等 | □良好 | □优秀 |

## 环节四 任务评价

1. 各组学生代表向大家介绍本组是如何开展资料收集工作的。

2. 各组代表总结参加资料收集和加工过程中的感受和收获。

3. 互评各组发言人的个人及团队表现。

4. 教师总结、评分。

## 环节五 课后作业

收集和整理除吉利汽车之外的你所熟悉的其他汽车企业的生产经营观念演变历程。

# 项目二

## 汽车市场调研和消费者分析

### 知识目标

掌握　市场调查程序　市场调查内容　市场调查方法　数据分析方法　购买决策过程

### 能力目标

能够　设计调查问卷　熟悉调查方法　运用分析工具　撰写调研报告　分析客户心理

### 素质目标

具备　口头表达能力　团队协作精神　创新能力　严谨工作态度　持续学习能力

## 【开篇阅读】

### 社会化媒体对网民消费观的影响

根据 CNNIC（中国互联网络信息中心）在 2013 年 1 月发布的数据统计，中国网民数量已经达到 5.64 亿人。庞大的网民群体支撑起中国众多纷繁的网站系统，其中社会化媒体逐步成为带动发展网络人群的佼佼者。其中，微博用户 2012 年的年增长率为 23.5%，网民普及率已经达到 54.7%。博客和社交网站的年增长率分别为 17.1% 和 12.6%。

研究发现，如果把网民上网时间定为 1h，其在社会化媒体上使用的时间为 8.1min 已经超过了视频类网站和门户类网站的浏览时间，成为网民获取"新鲜事"的主要途径。消费者在做出购买行为前，除参考熟人推荐的方式外，42% 的人会查阅网络对产品的评论，35% 的人会到论坛查询产品信息，社会化媒体网站、博客等也都对消费者的购买行为起着一定的影响作用。

可见，社会化媒体营销已然成为企业不容忽视的重要领域。由此我们可以看出，汽车企业在研发新产品，拓展新市场之前，必须进行充分的市场调研和消费者行为分析。

（资料来源：尼尔森在线全球研究）

# 第一部分　知识模块

对企业而言，经营环境永远是变化的，能够及时准确地把握市场的变化，是企业经营管理的一个重要手段。如何能够应对经营环境的改变，市场营销调研就是其中一个手段。另外，在调研中了解你的竞争对手并改变经营策略是现代企业必须具备的管理能力。但是市场营销的核心是研究消费者需求，因此，征服消费者几乎是所有企业都想完成的工作。以下将探讨营销调研的重要性，以及分析消费者行为特征。

## 模块一　汽车市场调研概述

### 单元一　汽车市场调研的含义与作用

#### 一、汽车市场调研的含义

市场调研正在随着市场营销的发展而逐步完善。市场调研是一种有目的的活动，是对信息的判断、收集、记录和整理，是一项关于市场信息的工作。

汽车市场调研是指个人或组织对那些可以用来解决汽车设计、生产、制造、管理和营销等问题的信息所进行的设计、收集、分析和报告的过程。

### 二、汽车市场调研的作用

2003 年是中国汽车销售市场"井喷"之年，2004 年，中国市场上各大汽车企业面对更加激烈的竞争态势。在这样的市场条件下，汽车企业经常会面临这样一些问题：花费很大的资金生产出来的车型却找不到市场；开发出了一种符合购买者要求的汽车产品，并设计出了颇能吸引人的广告，但却错过了上市的最好时机；由于销售渠道没有找好，优良的汽车产品出现销路不畅等。在市场竞争激烈的情况下，出现这样的问题直接关系到企业的生存和发展，因而市场调研的作用就更加重要。对市场信息、资料收集得越多，分析得越准确，产品的销路则会越好。因此，市场调研已成为各大汽车企业共同关注的问题，其重要作用主要表现在以下几个方面。

（1）为汽车企业决策提供依据。汽车企业在生产经营过程中需要做出各种各样的决策。只有在收集到相关资料后，才能根据汽车企业自身的实际情况确定营销活动的最佳方案并做出决策。经营策略的正确与否建立在准确的资料来源的基础之上，再加上管理人员的正确判断，就会使汽车企业在代价很小的情况下取得最好的效益。

（2）有助于汽车企业开拓市场，开发新产品。市场调研可以使汽车企业了解和掌握消费者的消费趋向、新的要求及对本企业产品的期望等。如果调研结果表明只有开发新产品或改造老产品才能维持汽车企业应有的收益时，那么汽车产品生产的及时转向就会使汽车企业的销售出现新的高潮。

（3）有利于汽车企业在竞争中占据有利地位。"人无我有，人有我优，人优我精，人精我新"十六字经营策略是每一个企业应对市场竞争的有效方法，汽车企业也不例外。知己知彼，才能跟竞争对手进行较量，而这同样要借助于市场调研。企业通过调查摸清竞争对手的经营策略、产品优势、经营力量、促销手段、占有市场的情况及竞争产品之所以受欢迎的原因。企业通过市场调研，了解对手的情况，就可以在竞争中绕开对手的优势，发挥自己的长处，或者针对竞争对手的弱点，突出自身的特色，以吸引消费者选择本企业的产品。

（4）促进汽车企业经营管理的改善，增加销售，增加利润。汽车企业生产或经营的好坏，最终取决于经营管理者的管理水平。只有重视市场调研，不断收集和获取新的信息，才能熟知生产和管理技术发展的最新动态，找出自身的差距，从而向更先进的水平靠拢。

现代经营管理注重的是科学化和理性化的决策。它是建立在拥有大量数据和文字资料基础之上的。管理决策的确定不能凭经验，而要以对大量资料进行分析后的结果为依据，做出科学的判断。因此，重视市场调研是提高汽车企业管理水平的基础。

当今的时代是科学技术飞速发展的时代，市场调研可以使汽车企业及时掌握相关领域新产品和新技术的发展状况，为采用新技术和新设备创造良好的条件。只有不断采用高新技术的汽车企业，才能超前于其他同类汽车企业，保持自己的竞争优势。同时，高新技术要求新的管理方式和经营观念，它们之间相辅相成，促使汽车企业不断改善管理水平，以达到高产值、低消耗、多销售和少支出的目的。

## 单元二　汽车市场调研的内容与程序

### 一、汽车市场调研的内容

市场调研的内容很广泛，企业可根据确定的市场调研目标进行取舍。一般说来，汽车市场调研的内容主要涉及四个方面：社会环境调研、市场需求调研、市场营销组合调研和竞争对手状况调研。下面结合汽车企业分别予以说明。

### 1. 社会环境调研

一个地区的社会环境是由政治、经济、文化、气候和地理等因素所组成的，而这些因素往往是企业自身难以驾驭和影响的。只有在了解的基础上去适应它们，并将其为我所用，才能取得经营上的成功。社会环境调研包括以下几个方面：政治环境、经济环境、文化环境、气候和地理环境。

社会环境的各个因素并不以汽车企业的意志为转移，因此，市场调研首先要对汽车企业所处的环境进行调查，以便对这些不可控因素的特征有充分了解，从而避免在经营中出现与周围环境相冲突的情况，并尽量利用环境中有利于汽车企业发展的方面，保证经营活动的顺利进行。

### 2. 市场需求调研

汽车市场需求调研主要包括汽车消费需求量调研、汽车消费结构调研、汽车消费者行为调研、潜在市场调研。

（1）汽车消费需求量调研。消费需求量直接决定市场的规模，而影响需求量的因素是货币收入及适应目标消费人群两个方面。汽车企业在估计市场需求量时，要将人口数量和货币收入结合起来考虑。

（2）汽车消费结构调研。消费结构是指消费者将货币收入用于不同产品的比例，它决定了消费者的消费取向。对消费结构的调研包括以下几部分：人口构成、家庭规模和构成、收入增长状况、产品供应状况和价格的变化。

（3）汽车消费者行为调研。通过调研来了解消费者行为，使销售人员以积极主动的方法去影响消费者消费全过程。

（4）潜在市场的调研。潜在市场调研的主要目的是发现潜在目标市场。调研渠道是驾驶学校、已有用户、目标群体、汽修场所等。

---

**小知识**

近年来，越来越多的自主品牌汽车制造企业提出了高端战略，但进行得并不顺利。国内自主品牌代表，如奇瑞、吉利、比亚迪，均是以中低端车型切入市场，并在该细分市场获得了不小的市场份额。了解消费者需求的变化，对所有汽车生产厂商都至关重要。全新皇冠在2014年广州车展正式亮相，整体风格趋于年轻化。皇冠曾经是高端车的代表，并抢夺了奥迪A6不小的市场份额，但随着车型定位老化，皇冠后期发展没能跟上市场前进的步伐。

汽车分析师贾新光认为：跨国企业和自主品牌一样，为了充分挖掘各个细分市场的潜力，除了豪华车，也需要推出高端车型。但如果想取得成功，这些高端车型必须抓住细分市场的发展趋势。以东风日产为例，天籁的高端车型新一代天籁公爵上市，新车型与旧款天籁最大的不同在于轴距加长了125mm。此外，天籁公爵还享受4年/10万km免费保养服务。这样的定位，让消费者马上接受了天籁公爵。

**小知识**

消费者在购车时最先关注的就是这车属于哪个品牌，品牌的好坏至关重要。所以，汽车企业在高端化战略上必须丢弃急功近利的思路。

### 3. 市场营销组合调研

市场营销组合调研是汽车经营企业的周期性调研项目，由产品、定价、渠道和促销四个变量组成。

### 4. 竞争对手状况调研

汽车企业要想使自己在激烈的市场竞争中处于有利地位，就要做到"知己知彼"，因此要对竞争对手进行调研。汽车企业通过对竞争对手的分析，一方面可以借鉴竞争对手的长处和经验；另一方面又可以以此为依据确定本企业的竞争策略，以达到"以己之长，克人之短"的功效。

## 二、汽车市场调研的程序

汽车市场调研是一项涉及面广、复杂的认识活动。要顺利进行汽车市场调研，确保调研质量达到预期目的，就必须科学地安排市场调研过程中的各项工作。汽车市场调研的一般程序如下：

### 1. 明确市场调研的任务

明确市场调研任务是整个汽车市场调研工作的起点，包括提出汽车企业经营中要解决的问题，并由此明确调研目的。明确调研任务，主要是明确为什么要进行此项调研；通过调研要获取哪些市场信息、资料；调研结果有何用途。提出问题，是明确汽车市场调研任务的前提。

**小知识**

**汽车企业调研任务的确定**

例如，某汽车专营店所售车型销售额增长停滞，有压库现象，故考虑制订新的促销策略。但是，对于这个构想是否恰当，公司面临几个问题。

第一，因为公司刚刚进入汽车行业，内部资料收集不够，无法提供分析。

第二，车型销售额增长停滞，是因为经济衰退而减少销量，消费者偏好转变，促销手段不得力，还是因为销售人员销售策略出现偏差，竞争对手实力增加？假如是竞争对手实力增加的话，以何种指标来判断呢？此外，还有"消费者认为本公司产品市场落伍""新增加了经销商，导致市场空间缩小""竞争车型的广告设计较佳""售后服务有问题"等。

市场营销人员针对这些测定指标沟通后，决定对竞争者和促销手段展开调研，以正确了解汽车市场消费趋势，进而决定是改变营销策略，还是保持现状。

因此，此项消费者购买调研的重点在于：

**小知识**

（1）寻找最合适的测定指标，测定该车型处于什么样的竞争阶段。

（2）竞争对手的分布与经营状况。

（3）本调研应采取叙述性调研，还是假设检定调研？或者两者兼具？

（4）哪一种促销策略更适合目标消费群？

2. 制订市场调研的方案

汽车市场调研的任务明确后，接下去就是围绕汽车市场调研的任务制订汽车市场调研的具体方案，它是汽车市场调研过程中最复杂的工作。汽车市场调研方案的制订是对调研工作各个方面和全部过程的通盘考虑，包括了整个调研工作过程的全部内容。汽车市场调研方案主要包括下列内容：①确定调研目的和调研项目；②确定调研对象；③确定调研的时间和地点；④确定调研方式和方法；⑤确定调研人员；⑥确定调研费用。

3. 实施调研方案，进行实地调研

具体实施汽车市场调研的方案，就是按照调研方案的要求去收集汽车市场信息资料，也就是进入实地调研过程。在此阶段，汽车市场调研的组织者必须集中精力做好外部协调工作和内部指导工作，力求以最少的人力、最短的时间和最好的质量完成收集汽车市场信息资料的任务。

4. 系统分析资料

分析资料阶段的主要任务是在全面占有汽车市场调研资料的基础上，对资料进行系统分析，其中包括统计分析和理论分析。

5. 撰写调研报告

汽车市场调研报告是汽车市场调查研究成果的集中体现。汽车市场调研报告要根据调研任务、目的和所收集到的市场信息资料，经过分析研究，做出判断性结论，提出建设性的措施、意见，使调研报告在汽车企业生产、营销工作中起到指导性的作用。

撰写书面调研报告时，有时研究人员也需要利用口头演示的方法向汽车企业相关人员陈述调研方法及调研发现。通常，在进行演示时需要运用 PPT，在 PPT 中展示报告的概要、研究的重要结果及有关图形等。

## 模块二　　汽车市场调研的方法

汽车市场调研按照获取资料的不同方式可分为文案调研和实地调研两种方式。实地调研法主要包括访问法、观察法和实验法三种调研方法。下面结合汽车市场分别予以阐释。

### 单元一　文案调研

文案调研是市场调研执行人员充分了解企业实行市场调研目的之后，收集企业内部既有档案资料及企业外部各种相关的资料，加以整理及融合之后，以归纳或演绎等方法予以分析，进而提供相关市场调研报告及市场销售建议。

## 一、文献资料的来源

文献资料包括企业内部资料和企业外部资料。内部资料主要是企业内部的市场营销信息系统经常收集的资料；外部资料主要是企业外部的单位持有的资料。

1. 企业内部资料

（1）汽车市场调研部门汇编的资料。汽车企业的市场调研部门一般会把每个调研课题所掌握的全部资料仔细地做好索引，并归入档案。这些资料不仅包括在进行具体调研课题过程中所获得的资料，而且还包括从汽车企业的组织机构中收集到的杂志和其他文献的剪报等。

（2）汽车企业信息系统提供的统计资料。例如，客户订货单、销售额及销售地区分布、销售损益表、库存情况和汽车产品成本等。从这些对汽车生产、销售、成本及分布地区的分析中，调研人员可以检验汽车企业各种因素的变化情况。

2. 企业外部资料

汽车企业外部资料是指公共机构提供的已出版的和未出版的资料。一个好的汽车市场调研部门，一定要熟悉这些公共机构，熟悉这些机构里的工作人员，熟悉他们所能供应的资料种类。以下是几种常见的汽车企业外部资料来源。

（1）国家统计机关公布的统计资料，包括汽车工业普查资料、统计资料汇编等。

（2）汽车行业协会发布的行业资料。

（3）图书馆里保存的大量商情资料。图书馆除了有汽车贸易统计数字和汽车市场的基础经济资料外，还有各种关于汽车产品的更具体的资料。

（4）出版社提供的书籍、文献和报纸、杂志，如出版社出版的工商企业名录、商业评论、统计丛书和产业研究等。许多汽车类报纸、杂志为了吸引读者，也常常刊登汽车市场行情和一些分析报道。

（5）银行的经济调查、商业评论期刊。国外许多大银行，如巴克利银行、大通银行等，都发行期刊。这些期刊往往有最完善的报道，而且一经索取就可以得到。

（6）专业组织的调查报告。随着我国经济改革的深化，消费者组织、质量监督机构和股票交易所等专业组织也会发表有关统计资料和分析报告，其中不乏关于汽车行业的。

（7）汽车研究机构的调查报告。许多汽车研究所和从事汽车市场调研的组织，除了为各个单独的委托人完成研究工作外，为提高知名度，还经常发表汽车市场报告和汽车行业研究论文。

按不同的载体形式和记录技术，现代社会的文献资料分为手工型、印刷型、微缩型、机读型、视听资料和卫星资料六类。目前，我国最基本、最普遍的是印刷型文献资料。随着经济的发展和社会的进步，当代社会的印刷型文献资料最突出的特点是数量剧增、分布非常分散、内容交叉重复且真实性较差。在这种情况下，当汽车市场调研人员发现信息源时，就应该从具体需要出发，对它们进行有选择的采用，汽车市场调研人员应选择能提供最好信息的机构。

## 二、资料的收集整理

资料的收集整理工作流程为阅读——做记号——剪贴——分类——装订。其间工作繁复，只有耐心、细心地处置，方能井然有序。资料收集必须当机立断，只收集有用的、正确的、有保存价值的信息。

### 三、资料注释及归档

企业市场信息管理属于一般档案管理，档案管理的要点有：

（1）既有档案易于查阅。在文案市场调研中会使用大量信息，如何以最快时间提供各种所需资料，并能随时加入各种新信息，应在档案管理之时详细规划。将企业的各种资料依资料来源妥善归类，并做索引以便寻找相关资料。

（2）归档器具的选择。资料的保存应根据资料的性质选择适当的保存工具妥善加以储存归档。通常所用方法有下列几种：资料袋、登记卡片、卷宗、录像带和计算机等。

（3）定期销毁逾期资料。任何资料均有时效性，对于丧失效用的信息，要定期销毁。在销毁之时，资料如有眉批，要注意加以记录，以供不时之需。

### 四、文案调研的原则

在文案调研中要注意以下原则。

（1）系统性原则。企业应注意对资料的全面掌握。很多情况下因资料不全而未能深入了解，使用者要设法寻找资料来源以得到印证，保证资料的完整、系统和准确。

（2）实效性原则。二手资料提供有时间限制，使用时必须考虑时间背景，避免资料过时。

（3）相关性原则。所获取的资料要和调研的目的相关，选择与调研主题相切合的资料。

（4）经济性原则。使用间接资料的优点是省时、省钱，如果获取时间过长或费用过高，就失去了间接调研的意义。

## 单元二　实地调研法

### 一、访问法

访问法是指将所拟的调研事项，通过当面形式、电话形式或书面形式向被调查者提出，以获得所需资料的调研方法。它属于一种定性调研，是进行汽车市场调研时最常用的方法。

访问法的特点在于整个访谈过程是调查者与被调查者相互影响、相互作用的过程，也是人际沟通的过程。其特点是直接性且调查结果会受访谈双方的态度和素质的影响。

按照调查人员与被调查者接触方式的不同，可分为面谈调查、邮寄调查、电话调查和留置调查、网络调查等多种形式。

#### 1. 面谈调查

面谈调查是指调查人员同被调查人员面对面接触，通过有目的的谈话取得所需资料的方法。面谈调查有个别面谈和集体面谈两种。面谈法的优点是可直接听取调查者的意见；调查人员可及时、灵活地改变提问题的角度和方法，引导被调查者全面、真实地发表自己的意见；可与任何形式的问卷结合使用。其缺点是成本高，往往是电话调查成本的 3~4 倍，因此通常缩小样本数以控制成本，但又导致样本数过小不具有足够的代表性；访问者对被访者的倾向性影响较大。

**2. 邮寄调查**

邮寄调查是指将设计好的询问表寄给被调查者，由被调查者根据调查表的要求填妥后寄还调查者的调查方法。这种方法的优点是询问对象比较广泛；答卷人有充分的时间考虑，较之电话调查和面谈，对某些私人问题能得到更真实的回答；调查成本较低。其缺点是不够灵活，要求所有答卷人按既定顺序回答问题，缺乏针对性；问卷的回收率较低；耗时较长。

**3. 电话调查**

电话调查是指通过电话向被调查者对所调查的内容征求意见的调查方法。电话调查是迅速得到所需要信息的最好方法，比邮寄问卷灵活性高，回收率也高。其缺点是电话交谈时间短促，很难全面提问；成本比邮寄调查高；被访者不愿意回答私人问题；访问者的谈话方式会影响被访者的回答；不同的访问者对被访者回答的理解和记录会不同；有时迫于时间压力，某些访问者会对某些问题不提问就写下答案，随意性大，真实率低。

**4. 留置调查**

留置调查是指调查人员将调查表或调查提纲通过邮局或当面交给被调查者，并详细说明调查目的要求，由被调查者事后自行填写答案，再由调查人员按约定日期收回的调查方法。这种方法吸收了面谈调查和邮寄调查的一些长处，调查人员可当面消除被调查者的思想顾虑和填写调查表的某些疑问，被调查者又有充分的时间独立思考并回答问题，还可避免受调查人员倾向意见的影响，因而能减少调查误差，提高调查质量和调查表的回收率。

**5. 网络调查**

网络调查是指调查者将所要询问的问题输入网络问卷中，请求网络作答。愿意回答问题的网络成员就是被调查者，他们将自己的回答同样输入网络中，这样在调查者的计算机上就可以得到被调查者回答的信息。调查的范围可覆盖整个网络，花费的人力、经费较少，并且调查的时效性强，成本低。

## 二、观察法

观察法是在不向当事人提问的条件下，通过各种方式对调查对象做直接观察，在被调查者不知不觉中，观察和记录其行为、反应或感受。常用的方法有：

**1. 直接观察法**

派人直接对调查对象进行观察。例如，调查消费者对品牌、商标的喜好程度，可派人到4S店观察购买者的购买行为；调查销售人员的工作表现，可派人员对调查对象的服务态度、方法、效率进行直接观察。

**2. 亲身经历法**

亲身经历法就是调查人员亲自参与某种活动来收集有关的资料。例如，某一家工厂要了解它的代理商或经销商服务态度的好坏，就可以派人到他们那里去买东西。通过亲身收集的资料，一般真实性较高。

**3. 痕迹观察法**

痕迹观察法不直接观察被调查对象的行为，而是观察被调查对象留下的实际痕迹。例如，美国的汽车经销商都同时经营汽车修理业务，他们为了了解在哪一个广播电台做广告的效果最好（因为在同一个城市里有好几个电台，他们不可能在几个电台上同时做广告），对开回来修理的汽车，指派技术人员查看最后停留在哪个电台，从这里他们就可以了解到哪一个电台的听众最多，下一次就可以选择这个电台做广告。

### 4. 行为记录法

在调查现场安装收录机、摄像机及其他监听、监视仪器时，调查人员不必亲临现场，即可对被调查者的行为和态度进行观察、记录和统计。在取得被调查者的同意时，也可用一定的装置记录调查对象的某一行为。例如，在某些家庭的电视机里装一个监听器，可以记录这个电视机什么时候开，什么时候关，看哪一个台，看了多长时间，等等。

观察法的优点：①调查情况比较真实，因为被调查人没有意识到自己正在被调查，所以，一切动作、谈话都很自然；②调查人员也很客观，用仪器观察和收录的资料更为详细。会议（展销会、展览会、调剂会、订货会等）的情况、产品被操作及运转的情况，一旦摄入镜头，即可保留并使之再现。

观察法的缺点：①只能观察消费者的表面活动，不能反映消费者内在因素，如消费者的购买动机、计划和意见等就难以得知；②与询问法相比较，花费较多，耗用时间也较长；③调查结果是否正确，观察的内容是否有价值，受调查人员的技术和业务水平高低的影响较大。

### 三、实验法

实验法在收集市场研究资料中应用很广，特别是在因果关系的研究中，实验法是一种非常重要的工具。例如，将某一种产品改变设计、改变质量、改变包装、改变价格、改变广告、改变陈设或改变销售渠道以后，对销售量会产生什么样的影响，都可以先在小规模的市场范围内进行实验，观察顾客的反应和市场变化的结果，然后再决定是否推广。常用的实验调查方法有：

### 1. 实地实验调查法

实地实验调查法在研究广告效果和选择广告媒体时常常被采用。例如，某汽车企业为了了解用什么样的广告信息最吸引人，就可以到一个地方找一些人，每人发给一本杂志，让他们从头到尾翻一翻，问他们每一本杂志里哪几个广告对他们吸引力最大，以便为本厂设计广告信息提供一些有用的参考资料。

### 2. 销售区域实验调查法

销售区域实验调查法就是把某个型号的汽车运到那些具有代表性的市场进行试销，看一看在那里的销售情况如何，得到一手资料。然后再分析把这种型号的汽车拿到全国去推销可能有多大的市场占有率，需要多少时间、多少费用，值得不值得在全国推销，等等。这种调查能够很快地把市场情况和顾客的意见反馈到企业中来，对做出各种决策很有好处。

### 3. 购买动机实验调查法

购买动机实验调查法是通过各种心理实验来进行的。这种实验的优点是收集到的原始资料比较客观，比较准确。其缺点是实验的时间比较长，成本比较高，同时由于各地区经济条件和其他各种因素不同，推广起来会碰到一定的困难。

实验法较为科学，资料的客观价值较高，对于了解因果关系，能提供其他调查法所不能提供的资料，应用范围也相当广泛。实验法的优点还在于，通过少量产品的试销，获得比较正确、实用的实验资料；通过少量产品的试销，推测产品的未来销售趋势；通过对少数用户的调查，了解广大用户对企业营销活动的评价。

实验法的主要缺点是时间长、费用高，选择的调查对象不一定有代表性，市场上各种因素的变化难以掌握，调查的结果也不易比较。

## 模块三　　数据分析

数据分析就是我们常说的"用数据说话"。数据分析和统计以决策因素的身份出现在经济、管理和投资等相关领域，是数字信息化时代发展的必然结果。竞争与机遇并存的数字信息化时代，企业要想健康快速发展，数据分析尤为重要，这关系到公司领导层的战略决策是否正确，企业发展方向是否合理可行。

### 单元一　数据分析的含义、目的及意义

#### 一、数据分析的含义及目的

数据分析是指用适当的统计分析方法对收集来的大量数据进行分析，将它们加以汇总和理解并消化，以求最大化地开发数据的功能，发挥数据的作用。数据分析是组织有目的地收集数据、分析数据，使之成为信息的过程。

数据分析的目的是把隐藏在一大批看来杂乱无章的数据中的信息，集中、萃取并从中提炼出来，以找出所研究对象的内在科学规律。在实践中，数据分析可帮助人们做出判断，以便采取适当行动。

#### 二、数据分析的意义

作为市场营销的决策基础，数据分析得到的结果科学可靠，因此，企业应树立用数据做科学决策的思维模式。对企业而言，数据分析的具体意义表现在以下几个方面。

1. 企业决策依据科学化

对一个企业来说，企业的经营需要高层团队做出决策，而决策一般会涉及企业的投资决策、营销决策和管理决策，三方面相辅相成，贯穿企业的整个发展阶段。投资决策决定了企业要做什么，销售和管理决策要解决如何去做的问题。数据分析在这个过程中承担着极其重要的作用，将企业的目标进行量化，用数据的形式加以分析，为企业提供科学合理的决策依据。

2. 管理决策的重要依据

企业从某一个项目的战略分析，数据采集、整理，到预测分析，编制财务分析报表、进行财务数据分析，最后到对项目的风险进行评估，提出规避风险的方案，这一系列的工作是运用数据分析模型、程序、软件、图表等对项目把脉，为企业管理者提供决策参考的依据。

3. 提供精准的营销数据

营销数据分析技术作为企业某一项目中重要的一项技术，它运用于识别市场机会、规避市场风险、企业诊断及对营销效果进行评估等方面，为企业产品营销提供科学合理的决策依据，使企业在不断变化的市场环境中发现业务新亮点，避免损失，获取利益。

## 单元二　数据分析的步骤

数据分析主要由识别信息需求、收集数据、分析数据、评价改进组成。

### 一、识别信息需求

识别信息需求是确保数据分析过程有效性的首要条件，可以为收集数据、分析数据提供清晰的目标。识别信息需求是管理者根据决策和过程控制，提出对信息的需求。

### 二、收集数据

有目的地收集数据，是确保数据分析过程有效的基础。需要对收集数据的内容、渠道、方法进行策划，策划时应考虑：

（1）将识别的需求转化为具体的要求。例如，在评价供方时，企业需要收集的数据可能包括其过程能力、测量系统不确定度等相关数据。

（2）明确由谁在何时、何处，并且通过何种渠道和方法收集数据。

（3）记录表应便于使用。

（4）采取有效措施，防止数据丢失和虚假数据对系统的干扰。

### 三、分析数据

分析数据是将收集的数据通过加工、整理和分析，使其转化为信息，通常所用方法有两大类：

（1）七种老工具，即排列图、因果图、分层法、调查表、散布图、直方图、控制图。

（2）七种新工具，即关联图、系统图、矩阵图、KJ法、计划评审技术、PDPC法（过程决策程序图法）、矩阵数据图。

### 四、评价改进

数据分析是组织决策的重要依据，需要通过对以下问题不断的分析，评估其有效性。

（1）提供决策的信息是否充分、可信，是否存在因信息不足、失准、滞后而导致决策失误的问题。

（2）信息对持续改进质量管理体系、过程、产品所发挥的作用是否与期望值一致，是否在产品实现过程中有效运用数据分析。

（3）收集数据的目的是否明确，收集的数据是否真实和充分，信息渠道是否畅通。

（4）数据分析方法是否合理，是否将风险控制在可接受的范围。

（5）数据分析所需资源是否得到保障。

## 模块四　　消费者购买行为分析

在我国，汽车品牌竞争日趋激烈，国外汽车生产制造商在国内的品牌定位较为清晰，顾客对国外品牌的认知度较高。而国内汽车品牌大都定位不够明确，导致消费者对国内汽车品牌认知度较低。国内汽车品牌对消费者的研究较弱。分析消费者购买行为，能够清晰地了解消费者购买汽车的意向和偏好，能够为汽车生产制造商提供清晰的汽车研发目标，因此，汽车市场消费者购买行为分析能够很好地解决汽车市场定位不足的问题，也能为汽车制造商找准市场方向。

消费者购买行为是指人们为满足需要和欲望而寻找、选择、购买、使用、评价及处置产品或服务时介入的过程活动，包括消费者的主观心理活动和客观物质活动两个方面。基于消费者购买行为特点的研究、分析基本框架如下。

## 单元一 消费者购买行为分析的基本框架

市场营销专家把消费者的购买动机和购买行为概括为"6W"和"6O"，从而形成消费者购买行为研究的基本框架。汽车制造企业和销售企业能够从购买动机和购买行为找到消费者购买行为的关键，该框架也清晰地描述了企业的营销行为应该如何展开。

### 一、市场需要什么（What）——有关产品（Objects）是什么

汽车企业通过分析消费者希望购买什么，为什么需要这种产品而不是需要那种产品，研究应如何提供适销对路的产品去满足消费者的需求。不同的市场，汽车产品的特点是不相同的，对于经济较为落后的国家和地区，汽车市场是不够充分的，汽车产品的替代产品自行车可能会更加受欢迎。

### 二、为何购买（Why）——购买目的（Objectives）是什么

汽车企业通过分析购买动机的形成（生理的、自然的、经济的、社会的、心理因素的共同作用），了解消费者的购买目的，从而采取相应的市场策略。所谓动机（motivation），是行为的内在因素，它是由个人的需要所引发的，是满足需要的行为动力。因此，动机可以说是行为的原型，行为是动机的传达方式。而引导人们购买某一产品和选择某一品牌的动力，称为购买动机。作为汽车生产制造企业和销售企业，应该了解不同消费者购买汽车的主要动机是什么。举例来说，对于经济收入较高的职业经理人，汽车的购买动机是身份的证明，因此，高端汽车品牌受到欢迎。

### 三、购买者是谁（Who）——购买组织（Organizations）是什么

汽车企业应分析购买者是个人、家庭还是集团，购买的产品供谁使用，谁是购买的决策者、执行者、影响者。根据分析，组合相应的产品、渠道、定价和促销。购买的主要决策人是市场的主要消费群体。汽车产品的主要购买者在亚洲地区是男性，因此，汽车制造商更应该倾听男性顾客的意见。

### 四、如何购买（How）——购买组织的行为（Operations）是什么

汽车企业分析购买者对购买方式的不同要求，有针对性地提供不同的营销服务。对于消费者市场，汽车企业应分析不同类型的消费者的特点，如经济型购买者对性能和廉价的追求，冲动型购买者对情趣和外观的喜好，手头拮据的购买者要求分期付款，工作繁忙的购买者重视购买方便和送货上门等。对于汽车信贷最热衷的是那些刚刚走向社会，没有太多经济购买能力的年轻大学生。作为吸引年轻消费者的汽车品牌应充分考虑汽车购买方式上的灵活性，并培养更多的忠诚顾客。

### 五、何时购买（When）——购买时机（Occasions）是什么

汽车企业应分析购买者对特定产品的购买时间的要求，把握时机，适时推出产品，如分析自然季节和传统节假日对市场购买的影响程度等。作为汽车产品，消费的最佳时间是

从每年的 10 月直到春节。

### 六、何处购买（Where）——购买场合（Outlets）是什么

汽车企业应分析购买者对不同产品的购买地点的要求。顾客对于方便品，一般要求就近购买；对于选购品，则要求在商业区（地区中心或商业中心）购买，可挑选对比；对于特殊品，往往会要求直接到企业或专卖店购买，等等。

只有了解消费者的购买行为，企业才能制订合适的营销策略。汽车企业的营销策略灵活多变，可以更好地吸引消费者。

## 单元二　消费者购买行为影响因素

消费者的购买行为受到诸多因素的影响。关注消费者本身的同时，也应考虑消费者所处的宏观环境，包括经济收入、社会文化、国家政策法规及消费者自身的社会阶层、年龄和职业特点。消费者行为研究是指研究个人、集团和组织究竟是怎样选择、购买、使用和处置产品、服务、创意或经验的，以满足他们的需求和欲望。影响消费者购买行为的因素包括文化因素、社会因素、个人因素、心理因素。

### 一、文化因素

文化是人们所共有的、通过后天学习而获得的各种价值观念和社会规范的综合体，是人们社会生活方式的总和。它包括语言文字、价值观念、宗教信仰、风俗习惯、伦理道德、审美观等。文化是区分一个社会群体与另一个社会群体的主要因素，是人们通过学习获得的区别于其他群体行为特征的集合。荷花在中国是纯洁、高雅的象征，但如果要把产品销往日本，便不能使用"荷花（Lotus）"这个商标，也不能采用荷花之类的图案，因为在日本，荷花一般只在举行葬礼时才使用。

任何文化还都包含着一些较小的群体或所谓的亚文化群。它们以特定的认同感和影响力将各成员联系在一起，使之持有特定的价值观念、生活格调与行为方式。这种亚文化群有许多不同类型，其中影响购买行为最显著的主要有：

#### 1. 民族亚文化群

例如，我国除了占人口多数的汉族外，还有几十个民族，他们在食品、服饰、娱乐等方面仍保留着各自民族的许多传统风俗习惯。

#### 2. 宗教亚文化群

以我国来说，就同时存在着伊斯兰教、佛教、天主教等。他们特有的信仰、偏好和禁忌在购买行为和购买种类上表现出许多特征。

#### 3. 地理亚文化群

例如，我国华南地区与西北地区，或者沿海地区与内陆偏远地区，都有不同的生活方式和时尚，从而对产品的购买也有很大不同。

### 二、社会因素

#### 1. 相关群体

相关群体是指那些影响人们的看法、意见、兴趣和观念的个人或集体。研究消费者行为时可以把相关群体分为两类：参与群体与非所属群体。

参与群体是指消费者置身于其中的群体，有两类：①主要群体，是指个人经常受其影

响的非正式群体，如家庭、亲密朋友、同事、邻居等；②次要群体，是指个人并不经常受到其影响的正式群体，如工会、职业协会等。

非所属群体是指消费者置身事外，但对购买有影响作用的群体。有两种情况，一种是期望群体，另一种是游离群体。期望群体是个人希望成为其中一员或与其交往的群体。游离群体是遭到个人拒绝或抵制，极力划清界限的群体。

企业营销应该重视相关群体对消费者购买行为的影响作用，利用相关群体的影响开展营销活动，还要注意不同的产品受相关群体影响的程度不同。产品越特殊、购买频率越低，受相关群体的影响越大。个人对于产品的相关知识越缺乏，受相关群体的影响就越大。

2. 家庭

家庭购买决策大致可分为三种类型：一人独自做主；一人做主，全家参与意见；全家共同决定。家庭不同购买角色的作用：

（1）发起者。发起者是指首先提出或有意向购买某一产品或服务的人。

（2）影响者。影响者是指其看法或建议对最终决策具有一定影响的人。

（3）决策者。决策者是指在是否买、如何买、哪里买等购买决策中做出完全或部分最后决定的人。

（4）购买者。购买者是指实际采购人。

（5）使用者。使用者是指实际消费，或者使用产品或服务的人。

3. 社会阶层

社会阶层是指一个社会按照其社会准则将其成员划分为相对稳定的不同层次。不同社会阶层的人，他们的经济状况、价值观念、兴趣爱好、生活方式、消费特点、闲暇活动、接受大众传播媒体的程度和类型等各不相同。

企业营销要关注本国的社会阶层划分情况，针对不同的社会阶层爱好要求，通过适当的信息传播方式，在适当的地点，运用适当的销售方式，提供适当的产品或服务。

**三、个人因素**

在文化、社会诸因素都相同的情况下，每个消费者的购买行为仍然会有很大的差异，这是由于年龄、职业、收入、个性和生活方式等因素的不同而造成的。个人因素包括经济因素、生理因素、生活方式、个性、自我形象等，具体来讲包括收入水平（绝对收入变化、相对收入变化、预期收入变化）、年龄、性别、受教育水平、职业、个性与生活方式等。

1. 年龄和性别

消费者对食品、服装、家具与休闲活动的兴趣与年龄关系很大，购买与性别也有非常重要的关系。营销人员不仅应注意消费者的生理年龄，更应关注其心理年龄。男性消费者购物目的明确，决策比较理性；而女性消费者往往购物目的不够明确。

2. 职业与经济状况

一个人的职业会影响他所购买的产品或服务。营销人员试图确认那些对他们的产品或服务有相当兴趣的职业群体，甚至专门制造既定职业群体所需的产品。例如，计算机软件公司为品牌经理、会计、工程师、律师和医生设计了不同的产品。汽车公司在经营与收入水平相关的产品时，价格的相关性很大，因此，公司应注意个人收入、储蓄和利率的变化趋势。

### 3. 家庭生命周期

不同的家庭阶段，购买行为差别非常大，因此在研究消费者购买行为时，应该明确消费者所处的家庭生命阶段。我国营销界对家庭生命周期的划分如下：

"未婚"——年轻、单身。

"新婚"——年轻夫妇，没有子女。

"满巢Ⅰ"——年轻夫妇，有6岁以下的幼儿。

"满巢Ⅱ"——年轻夫妇，有6岁或6岁以上的孩子。

"满巢Ⅲ"——年纪较大的夫妇，有未独立的孩子。

"空巢"——年纪较大的夫妇，与子女已分居。

"独居"——年老、单身，即失去配偶后，只剩下一位老人。

### 4. 生活方式、个性及自我观念

人们生活、花费时间和金钱的方式的统称，反映人们的个人活动、兴趣和态度，是一个人所特有的心理特征。

## 四、心理因素

### 1. 动机

人们的购买动机不同，购买行为必然是多样的、多变的。这就要求企业深入细致地分析消费者的各种需求和动机，针对不同的需求层次和购买动机设计不同的产品或服务，制订有效的营销策略，获得营销成功。据统计，消费者具体购买心理动机达600种以上。在购买行为中，消费者经常表现出来的购买动机主要有以下几种。

（1）感情动机。感情动机是指由于个人的情绪和情感心理方面的因素而引起的购买动机。根据感情不同的侧重点，可以将其分为三种消费心理倾向：求新、求美、求荣。

（2）理智动机。理智动机是指建立在对产品的客观认识的基础上，经过充分的分析比较后产生的购买动机。理智动机具有客观性、周密性的特点，在购买中表现为求实、求廉、求安全的心理。

（3）惠顾动机。惠顾动机是指对特定的产品或特定的商店产生特殊的信任和偏好而形成的习惯重复光顾的购买动机。这种动机具有经常性和习惯性特点，表现为嗜好心理。

### 2. 知觉

知觉是指感觉器官与大脑对刺激做出解释、分析和整合的创造性过程。它不仅取决于刺激物的特征，而且依赖于刺激物同周围环境的关系及个人所处的状况。消费者在购买时如何行动，还要看他对外界刺激物或情境的反应，这就是知觉对消费者购买行为的影响。分析知觉对消费者购买影响的目的是要求企业掌握这一规律，充分利用企业营销策略，引起消费者的注意，加深消费者的记忆，正确理解广告，影响其购买。

### 3. 学习

学习是指由于经验而引起的个人行为或行为潜能的持续性改变，即消费者在购买和使用产品的实践中逐步获得和积累经验，并根据经验调整自己购买行为的过程。学习是通过驱策力、刺激物、提示物、反应和强化的相互影响、相互作用而进行的。"驱策力"是诱发人们行动的内在刺激力量。例如，某消费者重视身份地位，尊重需要就是一种驱策力。这种驱策力被引向某种刺激物——高级名牌西服时，驱策力就变为动机。在动机支配下，消费者需要做出购买名牌西服的反应。但购买行为的发生往往取决于周围的"提示物"的刺激，如看了有关电视广告、产品陈列。如果穿着很满意的话，他对这一产品的反应就会加强，以后如果再遇到相同诱因时，就会产生相同的反应，即采取购买行为。如果反应被反复强化，久而久之，就成为购买习惯了，这就是消费者的学习过程。

企业要注重消费者购买行为中"学习"这一因素的作用，通过各种途径给消费者提供信息，如重复广告，目的是达到加强诱因，激发驱策力，将人们的驱策力激发到马上行动的地步。同时，企业的产品和服务要始终保持优质，这样消费者才有可能通过学习建立起对企业品牌的偏爱，形成其购买本企业产品的习惯。

**4. 态度**

态度是指一个人对某些事物或观念长期持有的好与坏的评价、感受和由此导致的行动倾向。态度对消费者的购买行为有着很大的影响。企业营销人员应该注重对消费者态度的研究。消费者态度包含信念、情感和意向，它们对购买行为都有各自的影响作用。

（1）信念。信念是指自己认为可以确信的看法。在实际生活中，消费者不是根据知识，而常常是根据见解和信念作为他们购买的依据。

（2）情感。情感是指产品或服务在消费者情绪上的反应，如对产品或广告喜欢还是厌恶。情感往往受消费者本人的心理特征与社会规范影响。

（3）意向。意向是指消费者采取某种方式行动的倾向，是倾向于采取购买行动，还是倾向于采取拒绝购买行动，消费者的态度最终落实在购买的意向上。

## 单元三　消费者购买决策过程

广义的消费者购买决策是指消费者为了满足某种需求，在一定的购买动机的支配下，在可供选择的两个或两个以上的购买方案中，经过分析、评价、选择且实施最佳的购买方案，以及购后评价的活动过程。它是一个系统的决策活动过程，包括需求的确定、购买动机的形成、购买方案的抉择和实施、购后评价等环节。

**一、认识需要**

消费者认识到自己有某种需要时，是其决策过程的开始，这种需要可能是由内在的生理活动引起的，也可能是受到外界的某种刺激引起的。例如，看到别人穿新潮服装，自己也想购买，或者是内外两方面因素共同作用的结果。因此，营销人员应注意不失时机地采取适当措施，唤起和强化消费者的需要。

**二、收集信息**

信息主要来源四个方面：个人来源，如家庭、亲友、邻居、同事等；商业来源，如广告、推销员、分销商等；公共来源，如大众传播媒体、消费者组织等；经验来源，如操作、实验和使用产品的经验等。

收集信息时应注意信息的质量。一是注意了解那些与本企业的产品实际或潜在地有关联的驱使力；二是消费者对某种产品的需求强度会随着时间的推移而变动，并且被一些诱因所触发。

**三、评估方案**

消费者得到的各种有关信息可能是重复的，甚至是互相矛盾的，因此还要进行分析、评估和选择，这是决策过程中的决定性环节。在消费者的评估选择过程中，有以下几点值得营销人员注意：产品性能是购买者所考虑的首要问题；不同的消费者对产品的各种性能给予的重视程度不同，或者评估标准不同；多数消费者的评选过程是将实际产品同自己理想中的产品相比较。

### 四、购买决策

消费者对产品信息进行比较和评选后已形成购买意愿，然而从购买意图到决定购买之间还要受到两个因素的影响：他人的态度，反对态度越强烈，或者持反对态度者与购买者关系越密切，修改购买意图的可能性就越大；意外的情况，如果发生了意外的情况——失业、意外急需、涨价等，则消费者很可能改变购买意图。

### 五、购后行为

购后行为主要是指购买后的评价，包括购后满意程度和购后活动。消费者购后的满意程度取决于消费者对产品的预期性能与产品使用中的实际性能之间的对比。购买后的满意程度决定了消费者的购后活动，决定了消费者是否重复购买该产品，决定了消费者对该品牌的态度，并且还会影响到其他消费者，形成连锁效应。

## 【章末阅读】

### ××汽车4S店市场研究方案

一、研究目的

1. 了解本公司代理品牌的市场情况。

2. 分析影响车型销售的原因。

3. 加强企业与使用顾客、潜在顾客的感情沟通。

4. 本公司的市场占有情况。

二、研究内容

1. 市场情况

（1）公司所售车型的使用情况：使用用途；同档次车型的社会保有量、市场份额情况；潜在消费者首选车型的比例和规格；对同类车型性能的比较；同类产品价格的比较；售后服务质量的比较。

（2）所代理车型的知名度及其所处的地位；本公司的社会知名度及所处地位。

（3）影响汽车购买的因素：经济环境、服务质量、影响源（媒体与舆论）、竞争对手分布。

2. 广告情况

企业、产品广告的接触率；广告评价；广告形式、内容、途径的改进意见。

3. 售后服务

售后服务的技术，售后服务的质量，需要改进的建议。

4. 基本情况

老顾客的性别、文化程度、年龄、职业、个人收入等信息。

三、研究方式

1. 售后服务现场调查。

2. 购车用户电话或上门拜访。

3. 驾驶学校、出租公司访查。

4. 老顾客推荐。

5. 问卷为主、访谈为辅。召开两次由老顾客参加的销售服务人员交流访谈会。

6. 调查与公关相结合。

四、样本情况

1. 城市样本：××市。

2. 集体样本：从全市中随机抽取5所驾驶学校，两家汽车出租公司，随机抽取全市车管所两家。

3. 老顾客样本：从购车顾客中调查150~200人。

4. 潜在顾客样本：老顾客推荐、目标消费群随机抽取150~200人。

5. 经销商样本：同车型竞争对手两家；竞争车型3~5种。

五、研究日程

研究立项：10月底前完成。

调查准备：11月10日前完成。

制订计划：11月11日—11月17日。

实施计划：11月18日—12月1日。

数据整理：12月2日—12月8日。

报告写作汇总：12月9日—12月24日。

提交：12月25日。

六、研究经费

1. 问卷设计调查经费小计：8899元（按500份问卷、1000份登记表计）。

问卷费：2233元；调查费：3000元；礼品费：1200元；公关费：300元；分析处理费：2166元。

2. 访谈会经费小计：2620元（按每次30人计）。

招待费：780元；礼品费：1200元；公关费：240元；场租费：200×2 = 400元。

3. 管理费小计：2303元（预算的20%）。

经费总计：13822元。

# 第二部分　项目实施

## 环节一　情景引入

### 消费决策，女性新主张

女性主导着家庭的大多数购买决策权，而且她们的影响力与日俱增。全球女性不断超越她们的传统角色，进而影响着家庭、商业和政治领域的决策。因而，市场营销者也有了大量的机会可以更好地将女性朋友们与她们需要的产品和使用的媒介技术联系起来,从而对她们的生活和最终开支产生积极影响。

那么,传统媒体和新型媒体在促使女性做出购物决定方面取得了哪方面的成功?发达国家与新兴国家的女性在行为和思想上存在较大差异吗?现在的女性最关心什么?他们对下一代又有怎样的期盼?传统女性角色是否还存在?男性与女性共同承担家庭责任吗?然而最重要的问题是,市场营销者应如何更有效地影响女性,从而更好地向其传递能够调动她们情感的信息?

90%的女性认为她们的角色在不断提升。发达经济体国家中有80%的女性认为她们的角色正在发生改变,而这些女性中有90%的人认为这种提升体现在方方面面,如男女平等、政治参与及工作机会。发达经济体国家中,女性拥有更多的机会,期望值并不高。在新兴国家,女性对未来充满着期待,而发达国家的女性认为她们的女儿将享有和她们同样的待遇。

伴随权利的增加,女性的压力日益增大。世界各地的女性都感受到时间不足带来的压力,她们没有时间休闲,总是感到紧张和劳累过度,而新兴国家的女性比发达国家的女性感受到了更大的压力。

当面对生活中的决定时,女性希望分担责任。世界各地的人们都希望男女双方能够共同承担生活中从育儿到购车等方面的责任,但是新兴国家打破这种思想的期待仍在持续。

不同年龄阶段的女性在许多方面相似,但她们也各具特点。从女儿到母亲再到祖母,她们的观察和购买行为具有一些共性,但是聪明的市场营销者需要领悟其中的独特差异。

社会化媒体成为不可或缺的工具。女性已经突破家庭和事业的限制,影响商业和政治决策。她们还利用社会化媒体平台解决问题、提出问题及组建社团。

只有10%的女性是社会环境下网络广告的受众。借助女性的天性去吸引她们参与、联系和从事多项任务的技术改变了她们的生活,但是社会媒体广告还有巨大的增长空间。

（资料来源：未来女性白皮书——全球女性研究,AC. 尼尔森　有删减）

## 环节二　任务设计

任务一:仔细阅读【章末阅读】《××汽车4S店市场研究方案》一文,分析该市场研究方案是否科学合理。

任务二:结合情景引入中的内容,针对女性设计一份电视购买意向调查表。

任务二:分析数据和整理通过问卷收集到的相关数据,撰写调研报告,3000字。

## 环节三　项目考核（表2-1）

表2-1　项目考核

| 考核类别 | | 考核指标 | 考核等级 | | | |
|---|---|---|---|---|---|---|
| 过程考核 | 通用技能 | 交际表达,团队合作 | □及格 | □中等 | □良好 | □优秀 |
| | | 数据分析,市场敏感 | □及格 | □中等 | □良好 | □优秀 |
| | | 创新能力,数据收集 | □及格 | □中等 | □良好 | □优秀 |

（续）

| 考核类别 | | 考核指标 | 考核等级 |
|---|---|---|---|
| 过程考核 | 专业技能 | 产业趋势，市场预测 | □及格 □中等 □良好 □优秀 |
| | | 顾客管理，工具应用 | □及格 □中等 □良好 □优秀 |
| | | 竞争分析，创新策略 | □及格 □中等 □良好 □优秀 |
| 结果考核 | 分析报告 | 专业用语，文笔流畅 | □及格 □中等 □良好 □优秀 |
| | | 市场把握，分析透彻 | □及格 □中等 □良好 □优秀 |
| | | 逻辑缜密，结构完整 | □及格 □中等 □良好 □优秀 |
| | PPT 制作 | 构图雅致，层次感强 | □及格 □中等 □良好 □优秀 |
| | | 文字凝练，重点突出 | □及格 □中等 □良好 □优秀 |
| | | 图文得当，画面清晰 | □及格 □中等 □良好 □优秀 |

## 环节四　任务评价

1. 各组学生代表向大家介绍本组是如何设计本次调查问卷的，讲解问卷调查思路、问卷设计过程，展示问卷设计结果、设计所用时间，以及本组成员分工协作方面存在的问题。

2. 互评各组发言人的个人及团队表现。

3. 教师总结、评分。

## 环节五　课后作业

分析国内××市场调查公司的市场研究方案，并为××创业项目设计一份市场调研方案。

# 项目三

# 汽车促销策略

## 知识目标

掌握　促销基本含义　促销组合变量　人员推销技巧　广告策划评价　活动促销流程

## 能力目标

能够　辨别促销变量　组建推销队伍　有效广告策划　策划活动促销　随机组合变量

## 素质目标

具备　口头表达能力　团队协作精神　创新能力　严谨工作态度　持续学习能力

## 【开篇阅读】

### 宝马：没有热点，那就创造

你听说过 Ctrl Z Day 吗？Ctrl + Z 意味着计算机上的撤销动作，据说每年 7 月的第二个星期五就是 Ctrl Z Day——"世界后悔日"。于是，以微博为主要根据地，网友们倾诉各种自己后悔和想要重来的往事。可是，如果你真以为"世界后悔日"是如网络传言那样来源于欧美国家，那就错了，因为在此之前根本不曾有过这个节日。所谓 Ctrl Z Day，其实是宝马为了新宝马 Z4 上市做的一次事件营销。

7 月 8 日，讲故事。宝马开始通过一些营销大号，在微博上传播普及 Ctrl Z Day 的来源及作用，让大量的网民开始对其有一定的了解。他们将 Ctrl Z Day 的背景设置为"流传于美国的娱乐性节日""欧美青年这一天在社交网络上吐槽自己的故事"，看上去煞有介事。从这一天开始，网友对 Ctrl Z Day 的兴趣和期望被渐渐引发。

7 月 12 日，过节很快。传说中"7 月的第二个星期五"到了，也就是设定的 Ctrl Z Day 当天，宝马与 KOL 合作，集体制造了 Ctrl Z Day 热门话题，其范围之广令人咋舌：搞笑类、体育类、新闻类、旅游类、音乐类等微博红人，通过心灵鸡汤、时事热点、诙谐幽默等各种各样的方式发表对于"世界后悔日"的感慨，并迅速引起了网友的转发和跟风。经过他们的造势，"世界后悔日"已经变为一个全民性的节日，网友过节的热情空前高涨，争先恐后地吐露心声。甚至央视新闻、环球时报等也相继开始主动发布关于 Ctrl Z Day 的相关内容。而网友们对 Ctrl Z Day 的参与热情，也被彻底地激发出来。大量的网友争相说出自己的遗憾，有的是说给别人听，而更多的是说给自己听。

7 月 15 日，揭秘。尽管 Ctrl Z Day 火了，但绝大多数网友这时候仍然不知其中的真正奥秘。新宝马 Z4 发布当天，宝马中国官微发布一条微博，告诉大家宝马对于 Ctrl Z 的理念：与其怀念过去，不如憧憬未来，人生没有 Ctrl Z，Control Z4 驭而无憾。继而利用汽车圈 KOL 转发官微内容，于是，对汽车感兴趣的网民首先明白过来，Ctrl Z Day 原来是一场宝马的营销。

7 月 17 日，收尾。在挑明身份的两天之后，宝马又发布了一则在 7 月 12 日当天拍摄的视频，更加明确地向世人宣告了宝马与 Ctrl Z Day 的关系。总体来说，宝马这次不仅仅是在传播产品，更是在传播产品的精神，同时，给那些不敢直视过去的失败和遗憾的人一个平台，让他们能尽情抒发自己的苦闷与悔恨，而将近 30 万的讨论量，也证明了这个推广思路的成功。

（资料来源：网赢天下）

# 第一部分 知 识 模 块

随着现代信息化手段的丰富，汽车促销的方式也多种多样，如何吸引消费者的眼球，成为汽车企业营销的重要课题。汽车企业要针对顾客的需求制订切实可行的营销策略，能够实实在在地帮助目标顾客解决具体问题。此外，汽车厂商还要与顾客、潜在顾客和公众进行经常性的信息沟通，系统开发和引导顾客的需求，实现汽车厂商与顾客双方的满意。因此，汽车促销策略就成为汽车厂商整个营销环节中重要的一环。

## 模块一　　促 销 概 述

汽车促销是汽车厂商对汽车消费者所进行的信息沟通活动。汽车厂商采取多种方式向消费者传递企业和汽车的有关信息，目的是使消费者更加了解汽车企业和信赖汽车产品，从而形成购买。例如，汽车厂商通过在各种专业媒体和大众媒体上做广告，告知公众该企业在做什么和生产什么类型的汽车；通过人员推销的形式，更好地帮助消费者了解和选购汽车。通过营业推广（也叫销售促进），汽车经销商可以更快地和消费者达成交易，如买车送装饰这种形式就属于汽车销售促进的具体方式。还有就是公共关系可以帮助企业树立形象，化解危机，这将在项目四中专门阐述。

### 单元一　促销的含义与组合变量

#### 一、促销的含义

促销（Promotion）是指企业通过人员促销或非人员促销的方式，向目标顾客传递产品或服务的存在及其性能、特征等信息，帮助消费者认识产品或服务所带给购买者的利益，从而引起消费者的兴趣，激发消费者的购买欲望及购买行为的活动。

那么何谓汽车促销呢？就是汽车厂商通过人员促销或非人员促销的方式，向潜在消费者介绍汽车产品的相关信息，如汽车型号、价格、质量、内饰等，从而更好地激发消费者的欲望并最终形成购买行为。

促销本质上是一种通知、说服和沟通活动，即是谁、通过什么渠道（途径）、对谁说、说什么内容的活动。沟通者有意识地安排信息、选择渠道媒介，以便对特定沟通对象的行为与态度进行有效的影响。

促销作为一种说服沟通活动，其沟通说服的途径有以下三种。

（1）雄辩式说服。讲话人首先以其人格博得听众的信赖，再激起听众的情感以取得信任，列举鲜明的证据诱发需求。一些企业聘请名人做产品广告或形象代言人就是基于这个原理。

（2）宣传式说服。最早，人们是以组织（如教会、政府、政党、企业）为主体来获得别人的支持，用语言、文字、气氛和事件等来争取支持者。现在企业的宣传式说服花样繁多，最高管理人员的办公室布置、产品的设计、推销员的个性等都是基于这个原理。通过公共关系人员，借助新事件，制造一种新的气氛，进行宣传沟通，也是基于这个原理。

（3）交涉式说服。交涉式说服是指一方的交涉代表与另一方的代表相互进行拉锯式谈判，以取胜对方。双方在交涉中有两种基本策略：一是常用性的劝诱策略，通过劝说和诱导使交涉成功；二是在极端条件下采用的威胁策略，通过指出对方的要害或找到对方的软肋迫使对方让步，从而使交涉成功。

**二、促销组合变量**

**1. 人员推销**

人员推销是指通过熟悉汽车产品的销售人员向潜在顾客宣讲汽车产品的一种方式。销售人员可以采取具有很强针对性的方式向顾客讲解汽车。顾客也可以通过这种面对面的沟通方式加深对汽车企业的具体了解，从而决定是否选购某款汽车。

**2. 汽车广告**

汽车广告是一种汽车厂商通过一定媒体对产品和企业进行宣传的促销方式，它需要汽车厂商支付一定费用。这种方式也是大众比较容易接受和认可的一种促销手段。很多汽车品牌和车型都是通过广告为人们所认识的。例如，一句"动静皆风云"，使我们认识了奇瑞的风云轿车系列。

**3. 销售促进**

销售促进是一种在短时间内具有刺激销售的特定活动，通过一些很能吸引消费者眼球的方式在短时间内迫使其达成购买意向。例如，通过提供优惠，对消费者产生招徕效应，通过赠送活动，刺激消费者产生购买欲望。销售促进的目标不一定是顾客，可以是中间商和销售人员，目的是能够促进销售。

**4. 公共关系**

公共关系不是一种直接针对销售的措施，但可以间接地增加汽车的销量。公共关系具有非付费性。它是汽车厂商借助于媒体的新闻报道，让企业走向消费者心目中的方法。汽车企业通过一些赞助活动宣传企业，以及在某款车型遭遇质量危机时而采取的召回行动，都属于公共关系促销手段。

## 单元二　设计汽车促销组合时考虑的因素

汽车促销组合是指履行营销沟通过程的各个要素的选择、搭配及其运用。促销组合要素包括人员推销、广告促销、营业推广（销售促进）、公共关系。这些要素都有其特殊的潜力和复杂性，需要专业化管理。那么，如何优化促销组合呢？如何选择、搭配、有效地运用这些组合？一般情况下，必须考虑以下几个主要因素。

### 一、汽车促销的目标

任何企业在同一时间、同一企业在不同时间都有其具体的促销目标，而且其促销组合也不同。要想确定汽车企业的促销组合，需要考虑汽车促销目标。

例如，为了迅速增加汽车销量，汽车企业更多地选择产品广告和营业推广。

为了树立或强化汽车企业形象，汽车企业更多地运用汽车企业形象广告和公共关系。

为了应付竞争对手的价格战，汽车企业可以采取销售促进和广告策略。

为了让消费者知道某款车型，汽车企业可以采取密集式广告轰炸策略。

### 二、汽车产品的档次

汽车产品具有其特殊性，也就是汽车的功能首先是作为交通工具，但在此之余，也可以成为彰显主人身份的一张名片。就好比你从一辆劳斯莱斯车里面出来跟从一辆奥拓车里面出来，别人瞧你的眼光和心态就不一样。正因为如此，那么在针对不同的汽车产品时，促销组合也不一样，同样是进行广告投放，劳斯莱斯和奥拓选择的投放媒体当然不一样。

### 三、汽车处于的生命周期阶段

汽车处于不同的生命周期阶段，作为汽车营销人员在设计促销组合策略时要具有针对性地设计不同的促销手段，见表3-1。

表3-1　汽车生命周期

| 生命周期 | 促销目标 | 促销的主要方式 |
|---|---|---|
| 投入期 | 让消费者认识、了解某款车型 | 宜采用广告和促销人员介绍的方式 |
| 成长期 | 吸引消费者购买和培养品牌偏好 | 以广告宣传为主，但要凸显汽车品牌和特色 |
| 成熟期 | 打败竞争对手，稳定市场份额 | 宜采用提示性广告和公共关系的方式 |
| 衰退期 | 降低促销费用，延长产品生命周期，刺激购买 | 销售促进 |

### 四、汽车市场的性质

规模大、地域广阔、成熟度低的汽车消费市场，借助在当地知名度高的媒体进行以企业形象广告和汽车产品广告为主，辅之以公共关系的宣传，迅速获得消费者的认同。对于规模小、区域范围小、成熟度高的汽车消费市场，则以人员促销为主，通过销售人员与消费者的直接接触，进行深层次的沟通，让消费者对汽车企业和汽车产品的认知达到最大化，从而直接促进销售目标的实现。

### 五、预算促销费用

不同行业的促销费用预算迥然不同。例如，化妆品行业的促销费用可能高达30%～50%，而机械行业只占10%～20%。所以，要从汽车厂商的促销费用预算多少来确定促销策略的组合。不同的促销预算，可供选择的促销方式也不一样，电视广告等方式所需费用较大，人员推销的费用则相对较小。

### 六、其他需要考虑的因素

如汽车渠道、汽车价格、企业资源、竞争环境、经济前景等都是需要汽车企业考虑的因素。

小知识

### 汽车驶入网络营销平台

汽车，对于中国的普通市民来说，虽然还是大件消费，但随着消费水平的普遍提高及车市竞争的激烈，汽车消费方式已经改变。从技术和质量来看，汽车产品迅速形成同质化，而消费者对汽车产品的诉求却不断细分。为形成品牌差异化，也为满足不同消费者的需求，汽车营销越来越趋同于快速消费品。在当下的汽车市场销售中，汽车厂家及经销商都在采取"零首付、大折扣、送保险"等快消品促销方式进行"贩卖"，以期缩短消费者的"购车决策周期"。

如今的消费者，已经越来越离不开网络。网购渗透至人们的日常生活，就连动辄十几万元至数十万元的汽车也开始将销售的触角伸向电子商务平台。近两年，车企联合电商平台售车的消息不断出现，包括奔驰Smart、奥迪、现代、雪佛兰等在内的多个合资品牌都已成功地登陆电商平台，形成了一种网上售车的风潮。

奔驰与淘宝的合作，可以说是在汽车行业前所未有的创举，也展现了奢侈品网络团购的前景。为了顺应消费者多层次结构和不同时期的个性化需求，汽车厂家要细分出不同的目标市场、开发出不同的产品，从而走不同的渠道。因为一条渠道在现实中已不能满足市场的多元化需求和企业的持续发展，无论是长渠道还是短渠道，都将并存于我们的品牌渠道时代。而社区渠道、学校渠道、乡镇渠道等新型渠道也会不断涌现，复合渠道模式乃大势所趋。

汽车企业迎来了营销模式制胜的经营时代，近年来在营销模式上有了独特的创新，将感官、关联、情感、行动、思考等要素进行了整合。目前，就汽车行业而言，消费者的情感需求比重在增加，消费需求日趋差异化、个性化、多样化，消费者的价值观与信念迅速转变，消费者的关注点也在向情感性利益转变。所以，种种迹象表明，从快消营销模式的启发可以看到，汽车市场未来营销模式正在发生根本性的、彻底性的、脱胎换骨式的变化。

［资料来源：销售与市场，周春燕，2013（9）］

## 模块二　　　人 员 推 销

### 单元一　人员推销的含义及职责

**一、人员推销的含义**

所谓人员推销，是指汽车企业派出的推销人员利用各种销售技巧和方法，与可能成为汽车购买者的人士交谈，做口头陈述，向其推销汽车，促进和扩大销售的推销方法。由于汽车产品具有技术含量高、价值较大等特点，人员推销在汽车促销组合策略中占据非常重要的地位。

人员推销的最大特点是具有直接性。无论是采取销售人员面对面地与消费者交谈的形式，还是采取销售人员通过电话访问消费者的形式，销售人员都在通过自己的声音、形象、动作或拥有的样品、宣传图片等直接向消费者展示、操作、说明，直接发生相互交流。

### 二、汽车推销人员的职责

一般而言，一个汽车推销人员具有以下几种职责。

#### 1. 传递产品信息

汽车销售人员要能熟练地把汽车产品或服务的相关信息传递给潜在顾客。

#### 2. 寻找潜在顾客

潜在顾客就是对汽车产品或汽车服务确实存在需求的个人或组织。寻找潜在顾客时，着眼点不一样，结果就不一样。寻找潜在顾客的办法有很多，如：

（1）个人观察法。推销员在4S店里根据自己对所接触的个人或组织的直接观察，寻找潜在顾客。一些有经验的汽车销售人员只需要看看路过4S店的客人的眼神就知道他有没有购买汽车的打算。

（2）顾客介绍法。推销员请求现有顾客介绍其认为有可能购买产品的潜在顾客。一般来说，如果在老顾客身上体现了本企业的服务信誉和质量，很多老顾客会自动充当本产品的义务宣传员，主动为本企业推荐新顾客。对于一些中低档车，这种方法比较管用。

（3）名人介绍法。推销员在某一特定范围内，首先寻找并争取有较大影响力的中心人物为顾客，利用其影响与协助把该范围内可能的潜在顾客发展成为顾客。一些高档车的推销员大多采用此法。

（4）资料查阅法。推销员利用现有的资料或社会上各种专门的信息咨询部门或政府有关部门提供的信息寻找潜在顾客，如企业名录、名片册、电话簿、统计资料等资料。

（5）广种薄收法。推销员在特定的区域或行业内，普遍邮寄汽车资料和散发个人名片。

（6）展会宣传法。通过参加汽车展览会或邀请外来人员参观的办法寻找潜在顾客。

#### 3. 销售产品

汽车销售人员凭借自己的汽车专业知识和对汽车产品的了解，在向潜在顾客传递产品信息的同时，争取通过与之做进一步的沟通，把汽车销售出去。

#### 4. 提供服务

汽车销售人员的工作不仅仅是把汽车卖给顾客就算结束，随着竞争的加剧，汽车销售人员不单要知道如何销售汽车，还要知道做其他辅助工作。例如，售前咨询、售中和售后服务、签订合同、办理提车、办理保险，以及替顾客上牌照和车内装饰咨询等。

#### 5. 收集信息

收集信息是一个很重要的环节，汽车销售人员往往也是汽车制造企业的信息调查员，因为他们最接近顾客，最了解顾客对于汽车产品的具体要求，如品牌、款式、颜色、排量和价位等。通过收集这些零散的信息，然后汇总并反馈给汽车制造者，从而在下一阶段为顾客提供更好的产品或适销对路的产品打下基础。

## 单元二 汽车销售人员队伍组建、培训与管理

### 一、组建汽车销售队伍

无论采用什么样的形式，汽车厂商组建并管理销售队伍是完成人员推销的第一步，也是开展人员促销工作重要的一环。那么销售队伍怎么组建呢？一般而言，有以下三种形式。

#### 1. 汽车厂商自建销售队伍

汽车厂商通过从企业内部选拔或社会招聘有销售潜质的人员来推销本企业的汽车产品。这类推销人员属于公司的正式员工，接受公司的管理。这些人员的称呼不尽相同，可以叫作推销员、销售代表、商务代表、业务经理、售前工程师和售后工程师等。

#### 2. 临时市场活动推销人员

汽车厂商就上市的某一款车型进行的短暂市场推广活动而雇用临时推销人员，他们向消费者做产品介绍，主要是对产品做一些基本知识的介绍，如排量、型号、功能、价格等。这些临时的销售人员无法帮助汽车企业形成大规模的市场购买力，但可以在一定程度上宣传汽车产品，这也是目前常用的一种组建低成本销售队伍的形式。

#### 3. 企业展会工作人员

利用各种会议介绍和宣传产品开展推销活动，也属于一种常见的汽车产品介绍和销售模式，但要求参加展会的工作人员具有相当高的汽车专业知识，而不仅仅是某款车型的模特展示。该人员要熟悉本企业所有产品型号，利于对参加展会的观众做全面介绍，这其中就可能达成购买。例如，每两年一度的北京车展，在展会上，我们可以听到讲解人员对某款车型的详细讲解，观众大饱眼福的同时，也大饱了耳福。一些知名汽车就在展会上直接被观众所买走，这也就是我们经常看到此车已售出的缘故。

### 二、对汽车销售人员的培训

#### 1. 对汽车销售人员进行汽车企业相关知识的培训

对汽车销售人员进行汽车企业相关知识培训的内容主要包括汽车企业的发展历程、汽车的品牌历史、汽车标志的含义、汽车型号、公司未来发展等。

#### 2. 对汽车销售人员进行汽车相关知识的培训

对汽车销售人员进行汽车相关知识培训的内容主要包括汽车的总体构造、如何识别一款汽车，以及如何进行不同汽车品牌的比较等。

#### 3. 对汽车销售人员进行业务能力的培训

对汽车销售人员进行业务能力培训的内容包括如何发现潜在顾客、如何评价潜在顾客、如何跟客户交谈、如何跟踪客户、如何说服客户。

#### 4. 对汽车销售人员的语言技巧培训

在4S店里，汽车销售人员的说话技巧十分重要，"成败一句话"一点不过分。例如，当有人在店里看车的时候，是直接告诉她这款车有多好呢，还是跟在她身后一个合适的距离随时等候对方提问好呢？当然，面对不同的客户可以采取不同的策略。

例如，汽车加油站的职员与其问"您需要加多少油？"不如提议说"我为您把油加满吧！"饮食店招待员把"您喝点什么？"改为选择性问句"您需要咖啡，还是甜点心？"这样的问话，可使顾客难以完全拒绝；而"来点甜点心吧"和"来一杯咖啡吧"这两个句

子却达不到那样的效果。

在汽车的推销中，为了适应各种不同情境和面对不同客户，达到预期目的，汽车销售人员必须重视语言和沟通技巧。具体表现在要注意掌握陈述、提问和倾听三个方面的技巧。

（1）陈述技巧。陈述技巧主要包括简洁和准确。

1）简洁。简洁是推销陈述的基本要求。陈述时应该简单明了，干净利落，切忌啰唆、反复，否则会严重影响推销效果，甚至使顾客拒绝再听下去。当客人自己在看车和感受车的时候，不说话就是最好的回答。千万不要表现出一副专家的模样向客户喋喋不休地说个没完没了。如果你非要这样做，你说完的时候也就是客户离开店的时候。

2）准确。把该给客户讲清楚的内容一丝不苟地讲清楚，准确流畅地表达出客户所关心的那款汽车的功能、特性等。

（2）提问技巧。提问技巧包括鼓励性提问、分阶段提问、简明提问和委婉提问。

1）鼓励性提问。鼓励顾客说出对这款车的看法和意见，然后对症下药，一一回答客户的提问。例如，"关于我们公司的这款车型，您还了解哪些情况？"这个问题就富于鼓励性，这样给顾客提供发挥的空间。

2）分阶段提问。洽谈中，汽车销售人员应该把一系列问题分割开来，有计划地分不同阶段提问，避免连续性提问给顾客带来不快。例如，你是怎么知道这款车型的？你觉得这款车的价位如何？你打算购买什么价位的汽车？你喜欢什么样的颜色？这样一个问题接一个问题会搞得顾客疲惫不堪。

3）简明提问。汽车销售人员所提问题应该很容易被顾客理解和回答，不要提出过于复杂和烦琐的问题。例如，"你喜欢这款车的颜色吗？"比"你是喜欢红色呢，还是黄色，抑或是黑色？"要简单得多，并且可以给顾客回答的空间。

4）委婉提问。当顾客对于这款车型的说法有失偏颇的时候，要委婉地提出问题来，让对方觉得自己的看法有误，但不要直接指出来，这样可以避免顾客尴尬。例如，当顾客在看车时提出来该款车不好的理由是没有涡轮增压，因为他认为涡轮增压是速度的保证，这个时候，销售人员如果跟他辩论有没有涡轮增压是不是判断一个车子好坏的标准，那么就大错特错了。销售人员此时要技巧地提问他是在赛道上开呢还是在城市道路上驾驶，因为涡轮增压好是好，但主要运用在赛车上，由于城市交通道路的拥堵，涡轮增压其实无法高效率工作，不但这样，一定时候还要更换涡轮，那笔费用将非常可观。这样的话，客户就明白了，可以自己判断。

（3）倾听技巧。倾听技巧包括配合和引导。

汽车推销之神——乔·吉拉德的制胜法宝就是倾听，没有别的神秘武器。

倾听是保证语言沟通有效性的重要手段，良好的倾听可以帮助推销员了解顾客的真实想法。用嘴过多，脑子就用得少了，因此倾听很重要。那么究竟怎样倾听呢？

1）配合。不要被动地听顾客陈述，而是应该恰当地使用有声和无声语言回应顾客的陈述，让顾客感受到推销员很关心、很重视他们的问题，鼓励他们讲话。回应方式有：①轻轻点头回应；②以目光注视正在说话的顾客，专注倾听而不做其他动作；③以尽量少的言辞表示出自己的意思，如"我了解""嗯""是那样""很有趣"等；④偶尔重复顾客刚说完的一句话的最后几个字，表示对顾客意思的肯定，等等。

2）引导。有些顾客由于表达能力的原因不能清晰、准确地传递信息，也有些顾客不愿意透露某些信息。这时，推销员应对顾客进行引导。顾客不愿意提出对这款车的反面看法，而有所隐瞒，这个时候销售人员就要能够引出顾客想要表达的内容，这样才可以打消顾客心中的顾虑。

### 三、对汽车销售人员的督导与评价

#### 1. 对汽车推销人员的督导

对推销人员的工作进行必要的指导与监督，主要目的在于提高其工作效率。督导的主要方式有规定某一时期推销人员应访问老顾客的次数和达到的目标；规定某一时期推销人员应发展新顾客的数量、质量；规定销售定额；给予促销技巧方面的指导；要求推销人员定期汇报客户跟踪情况。

#### 2. 对汽车推销人员的评价

（1）现在与过去的销售额比较。把推销人员目前的成绩与过去的成绩进行比较，从而获得该推销人员工作进展的直接指标。

（2）顾客满意度评价。通过信件调查表或电话访问，收集顾客对推销人员服务的意见，用以作为对推销人员评价的依据之一。

（3）推销人员品质的评价。推销人员品质的评价包括推销人员对公司、产品、消费者及竞争对手的了解程度，对自身职责、有关法规的执行情况。例如，推销人员的陈述必须与广告内容一致，不能误导消费者，不可以诽谤竞争对手。

---

**小知识**

### 乔·吉拉德的传奇人生

**一、发达——靠执着与苦功扭转人生**

乔·吉拉德很有耐性，不放弃任何一个机会。或许客户五年后才需要买车，或许客户两年后才需要送车给大学毕业的小孩当礼物，没关系，不管等多久，乔·吉拉德都会时不时地打电话追踪客户，一年十二个月更是不间断地寄出不同花样设计、上面永远印有"I like you！"的卡片给所有客户。他曾每月寄出16000封卡片。

"我的名字'乔·吉拉德'一年出现在你家十二次！当你想要买车，自然就会想到我！"是他过去所寄出的卡片样本。乔·吉拉德的执着令人折服。

乔·吉拉德还特别把名片印成橄榄绿，令人联想到一张张美钞。每天一睁开眼，他逢人必发名片，每见一次面就发一张，坚持要对方收下。乔·吉拉德解释，销售员一定要让全世界的人都知道"你在卖什么"，而且一次一次加强印象，让这些人一想到要买车，自然就会想到"乔·吉拉德"。

乔·吉拉德有一个特别的习惯，喜欢在公众场合"撒"名片。例如，在热门球赛的观众席上，他便整袋整袋地撒出名片，他耸耸肩表示："我同意这是个很怪异的举动，但就是因为怪异，人们才会记得，而且只要有一张落入想买车的人手中，我赚到的佣金就超过这些名片的成本了！"

**小知识**

　　直到现在，乔·吉拉德还是保有到处广发名片的习惯，他说虽然已经不卖车，却还卖书、卖自己的人生与行销经验，寻求各种可能的演讲与曝光机会。因此，到餐厅用完餐，他总是在账单里夹上三四张名片及丰厚的小费，经过公共电话旁也不忘在话机上夹两张名片，永远不放弃任何一个机会。

　　花了三年时间扎马步，乔·吉拉德很快打响了名号，让人生演出大逆转。他第三年卖出343辆车，第四年就翻番，卖出614辆车，从此业绩一路长红，连续十二年成为美国通用汽车零售销售员第一名，甚至变成世界最伟大的汽车销售员。

　　二、取舍——放弃跳槽升迁，十五年只当销售员

　　十五年间，业绩突出的乔·吉拉德有很多跳槽、升迁的机会，但是他总是拒绝，他名片上的头衔始终是"销售员"。选择当一辈子的销售员，不是不在乎头衔，而是更在乎"钱"。他得意地说："老板只做管理，真正为公司赚钱的是我！我赚的钱比老板还多！""你知道头衔对我的生意是什么吗？让我告诉你，头衔一点都不重要，因为我的头衔就叫Money！"乔·吉拉德以兴奋的语气强调。

　　因此，乔·吉拉德能坚持每天在一线从事推销工作，享受每一次成交所带来的快感与金钱奖赏。他兴奋地指出："今天我卖出6辆，明天我就渴望成交10辆！我感觉每成交一次，其实都像是被顾客升迁了一次！"

　　三、引退——在全球行销人生经验

　　1978年1月1日，乔·吉拉德急流勇退，转而从事教育培训工作。退休后，他每天依然行程满档，不仅出书，还应邀到世界各地演讲自己的人生经验与推销秘诀，使他在销售界仍有相当的影响力。

　　"亨利·福特二世是我的邻居！"向来是出身贫民窟的乔·吉拉德最感骄傲的一件事。

## 模块三　　　广　告

　　广告是为了某种特定的需要，通过一定形式的媒体，并消耗一定的费用，公开而广泛地向公众传递信息的宣传手段。一些经销商在当地所做的车体广告和墙体广告皆属此类。

### 单元一　汽车广告的作用与有效策划

**一、汽车广告的作用**

1. 知名度

广告可使公众知道这个汽车品牌或公司的存在。通过媒体组合策略，向顾客传递新车

上市的信息，吸引目标消费者的注意，减少推销人员向潜在顾客描述新车所花费的大量时间，快速建立品牌知名度。

### 2. 理解产品

通过广告的宣传作用，让顾客知道这款车一些基本的外在特点，如款式、颜色、排量和价位等，引发他们对新车的好感和信任，进一步激发其购买的欲望。

### 3. 有效提醒

例如，当某企业的某款车型处于成熟市场时期时，如果再做大规模的广告投入，效果不一定显著，这个时候所做的广告在于提醒消费者这款车型依旧存在，请大家放心购买。

### 4. 决定购买

据调查，消费者在决定购买某品牌的某款车型时，没有太多的心理活动，就是在广告的刺激下做出的购买活动。当然，这个广告也要做得十分吸引人。

广告作为一种信息传播与促销的手段，已越来越受到企业的重视并被广泛应用。但是，广告究竟能够产生多大的效果，已经成为企业决策者越来越想了解的问题。

所谓广告效果，通常认为广告主把广告作品通过媒体披露之后，该广告作品对于消费者的影响。广告效果主要包括心理效果和广告销售效果。其中，销售效果是企业最希望立刻看到的。消费者看到广告之后，首先对广告诉求表示同感，之后对广告产品产生感情，经过各方面的评价后，就会产生购买动机。

## 二、汽车广告的有效策划

广告策划是指在广告调查的基础上围绕市场目标的实现，制订系统的广告策略、创意表现与实施方案的过程。成功的广告策划应该紧扣广告目标，充分有效地利用内外部资源，并通过创造性劳动形成市场方案。

广告是企业直接对目标消费群和公众进行说服性沟通的主要工具之一。企业想最大限度地提升企业的销售业绩和品牌实力，就需要投放广告。只有制订出符合市场规律的广告策略，才能有效提升企业的销售业绩和品牌实力。

做好广告策划会为企业达成营销目标提供有效支持。

### 1. 做好广告策略

广告策略是全部广告活动的方向，是把产品或服务的利益或问题解决方案的特征等广告信息传达给目标市场的手段。企业所制订的广告策略强调的重点如果不能满足消费者的需求，就不能解决消费者的问题或无法提供消费者所期望有的利益，那么广告就会失败。

要做好广告策略就要非常了解产品或服务，确认目标市场，把利益或问题的解决方案提供给目标对象。对广告所传递的信息要有一个额外推销要点来支持策略，在进入广告策略表现阶段时要确定采取什么样的技巧把信息做最佳的表达。

### 2. 广告策划富有创造性

企业在确定广告策略后，创意就成为广告的灵魂。现在社会人们面对大众媒介中大量的广告信息，要想收到有效而容易记忆的效果是不容易的，所以要想达到最终的宣传效果，就要做出富有创意的广告。我们看到的成功的广告有很多，它们之所以成功都是因为广告具有很强的创意点，使人们很容易记忆。

### 3. 把握广告的时效性

企业在广告策划活动中的有些策划是非常好的，但由于企业在市场操作过程中存在时效上的拖延，导致企业丧失了很多与市场同类产品竞争取胜的机会。

## 单元二 广告效果的构成及评价

### 一、广告效果的构成因素

广告效果通常由四个方面构成：目标消费者，它注重的是一种沟通效果；企业投资者，它关注对广告的投资是否达到了预期目的；广告的经营单位，包括创意单位和制作单位；最后一个是社会公众。

#### 1. 消费者的效果

消费者是企业发布广告的主要对象。消费者观看了广告之后，就会思考是否接受广告的内容，是否需要广告中推广的产品，如果确实需要，消费者才会真正产生购买的动机。因此，广告效果的第一个构成者是消费者，企业所做的广告必须能够被消费者接受，才能够产生应有的效果。

#### 2. 企业销售的效果

广告的效果还由企业销售的效果构成，或者说是企业出于某种战略目的而做一些产品的广告，如企业在上市前通常需要大张旗鼓地宣传一番，从而能够在股市上达到较高价格。因此，广告的销售效果有可能是针对消费者的，也有可能是为了完成企业的某些工作，塑造更为强大的企业形象，从而引起上下游企业的注意。

#### 3. 广告经营单位的效果

广告的代理单位或合作单位经常会与广告主发生冲突：广告主关注的是能否通过广告的发布来实现销售业绩，而广告的制作单位则可能会将注意力集中在广告制作过程中是否更具有艺术性。由于对广告效果的评价是由多个角度构成的综合效果评价体系，立场的不同往往出现一些冲突。

#### 4. 社会的公众效果

广告产生的另一个重大效果就是社会的公众效果。看到广告的人可能永远都不会成为这个广告所宣传产品的购买者，但是他们有权力表明自己对这个广告的喜好或厌烦。因此，社会公众也是广告效果的重要构成方面之一。

### 二、广告效果的评价指标

影响销售业绩的因素有许多，因此大多难以精确评价广告的效果。就广告评价而言，人们能了解到底是谁看了、读了、记住了，至于直接能产生多少销售额，也许不是广告的直接目的。而且，有些广告的目的只在于建立企业形象，而与产品或服务并无关系。广告的目的是影响消费者的态度与行为，而这种行为的实施可以是即时的，也可能需要一段时间。准确评价有一定的难度，但是一般可以下面的四个指标来对广告效果进行评价：广告的到达、广告的注目、对广告的态度、由广告影响产生的行动。这四个指标可以分成三个层次来考察广告效果。

第一个层次是广告的传播效果。它是指广告到达的范围、广告到达的人群和受众对广告的注目程度。

第二个层次是广告的诉求效果。它是指广告的形式、创意和诉求内容等对受众产生的吸引力和心理反应。

第三个层次是广告对受众的行为效果。它是指受众由广告产生的心理反应而导致的品牌偏好行为、消费倾向改变和购买行动。

这三个层次的效果是紧密关联并逐步实现的。

首先提到的是广告的传播效果。这就是说，广告效果首先体现在要到达受众，被受众看到。只有有效地覆盖了受众，并且被受众注目，才谈得上受众对广告的态度和行动。再优秀的广告，如果没有被有效的受众看到，或者看到的受众很少，那么它的效果也要大打折扣。因此，传播效果是广告效果的基础，没有好的基础，就不可能建成优秀的大厦。

其次是广告的诉求效果。它主要是指广告的诉求对看到广告的受众的吸引力和影响力。诉求效果一方面取决于广告对企业战略、企业文化及营销策略和产品等的表达程度，另一方面则取决于广告的表现形式。

最后是广告在影响受众（消费者）行为上的效果。这是广告诉求效果的延续，是广告投资效果的最终体现，因此是广告主最关心的广告效果。广告主的广告投资回报是得到消费者的认可，这样广告费才没有被浪费。

很明显，传播效果是诉求效果和行为效果的基础，三个层次的广告效果是依次递进的关系，评价广告效果也必须按照三个层次去考察，这样才能真正找到是哪一层次的广告效果没有达到预期，是广告活动中的哪一个环节出了问题。

---

**小知识**

### 经典广告用语欣赏

1. 最霸气十足的广告语

奔驰汽车：领导时代，驾驭未来。

福特汽车：你的世界，从此无界。

丰田汽车：车到山前必有路，有路必有丰田车。

2. 最具中国特色的广告语

奥迪100汽车：走中国路，乘一汽奥迪。

奇瑞风云汽车：动静皆风云。

富康汽车：走富康路，坐富康车，方方面面实实在在满足您。

桑塔纳汽车：上海桑塔纳，汽车新潮流，拥有桑塔纳，走遍天下都不怕。

红旗汽车：坐红旗车，走中国路。

---

## 模块四　　活动促销

---

### 单元一　活动促销的含义

活动促销就是通过组织一系列活动来吸引顾客的注意力，激起消费者购买的冲动。由于活动促销比较复杂，情形多变，一般没有固定的程式，操作时应充分把握时局，这样才能有针对性地设计适合于本产品的活动促销。

## 单元二 活动促销的常用方法

### 一、主题展销会

主题展销会是把产品以展览的方式呈现给消费者，给顾客一种品种丰富、价格便宜的感觉，供需求者能够一次性购足所需。主题展销会必须先设定促销目标，再根据目标设定主题，然后围绕主题设定活动内容与组织创新。

主题展销会一般有如下几种。

（1）分类产品展销会。按产品类别不同，分类展销，如智能洗衣机展销会、保健鞋类特卖会等，产品品种齐全，方便消费者选购。

（2）系列产品展销会。一般系列产品展销会是指同一品牌的各种产品展售，如舒肤佳系列日化产品专卖会、长虹尖端视听展销会、三星 IT 产品展览会等。

（3）地区产品展销会。地区产品展销会是指某一区域产品的集中展示，如新西兰乳品展销会、日本数码产品展览会、四川土特产展销会等。某一地区的产业达到一定规模或具有与众不同的特色，即构成"地理"品牌，如果在异地举办这种展销会效果会相当好。

（4）节令产品展销会。季节性产品或节令消费品可以充分利用季节的变化或节日来做展销活动，如夏季流行时装发布会、元宵食品展售会、情人节礼品专卖会等。

主题展销会一般配合免费抽奖、即时开奖、优惠券、赠品活动效果最佳。

### 二、现场表演

对有特殊功能的产品，最好的促销方式是在销售时当场向顾客展示其特殊的功能，或者让顾客亲自操作体验产品的优点，让顾客肯定其性能，从而引起消费者的兴趣，以至产生购买冲动。不是所有的产品都适合现场表演的方式，下列产品比较适合现场表演促销。

首先，具有优异、特殊功能的产品，尤其是那些在技术上有较大创新，又明显区别于竞争对手的产品，这些产品能给人们的生活带来极大的变化，所以消费者的接受度更高。

其次，新产业领域及专利产品。由于其产品还未全面普及，竞争对于相对较少，运用现场表演的方式能最有效地在短时间内说服消费者使用。

再次，有表演媒介的产品，利用声音、气味、图像等为传播媒介，向顾客演示。例如，利用某种食品现煮的气味来吸引卖场的顾客，并举办现场品尝活动；音响产品利用其震撼的音质打动顾客等。

现场表演成功与否，取决于表演者是否淋漓尽致地在短时间内把产品特点展示给顾客。同时表演者还需了解消费者的心理，掌握表演技巧效果方能达到最佳。一般选择节假日或每天的高峰时刻顾客较多时进行现场表演，位置一般在主干道路。

### 三、名人效应

名人本身具有极高的知名度，名人效应就是利用名人的知名度来达到提高产品知名度及消费认可度，从而达到带动大众消费的目的。名人效应不但是促销的有效手段，而且是提升品牌价值的有效手段。

利用名人效应促销一般有以下几种方式。

#### 1. 名人现场签售活动

名人亲临现场就某类产品签名销售，如各大书店经常策划的作家签名售书活动，又如国美电器策划的各大电器老总签名售机活动等。人们在购买商品的同时能够亲睹名人风采并得到具有纪念意义的签名，满足了人们崇拜名人的精神需要。

**2. 名人现场表演活动**

请名人到卖场进行各种形式的表演，以吸引人气促进销售。例如，影星到卖场举办文艺演出，以及歌星举办演唱会促进自己专辑的销售等。这种活动如果配合免费抽奖、优惠券等促销方式效果更好。

**3. "名人物品"售卖活动**

不请名人到场，也可以借名人之势进行促销。例如，某服装商城正在售出某著名服装设计大师的流行新款服饰或签名服装、某明星最喜爱的首饰、环球小姐保持漂亮的首选化妆品等。这种方式必须首先挖掘产品的特点，再尽量和名人沾上边，实现借其名而造己势的目的。

利用名人效应促销，产品与所请明星的关联度越高，消费者越容易接受，促销效果越明显。"名人物品"售卖活动的效果不如名人到场的效果好，但其费用相对较低，借用得好也能收到比较理想的效果，但切不可有任何侵犯名人肖像权、著作权等举动。

**四、车友会**

车友会一般是由车主自发组织的非营利性的车友团队。车友会一般由有共同兴趣爱好或同品牌车主组成。车友会把户外运动、休闲旅游和驾车驰骋的乐趣有机结合起来，以享受生活、享受阳光、感受亲情、感受友情为目的；使车友通过活动有更多的机会亲近自然、放松心情、拥抱绿色，拓展个人社交范围及能力；同时，同品牌的车友会还利用聚会的机会，交流汽车遇到的各种问题，并提供共同的解决方案。如果车友会由车主自发组成，则不设办公场所，不收取入会费，所有活动全部采取自助 AA 制，不通过活动赚取车友任何费用。但是作为销售方，企业可以积极赞助非营利性车友会的各项活动，通过赞助可以有效地提高企业的知名度，并提高顾客的忠诚度。

汽车品牌销售商应积极组建自有品牌的车友会，积极组织集中交流、汽车知识讲座、日常维护保养、驾驶培训等活动项目，增进车友驾车、养车、修车方面的交流，并提高汽车品牌的忠诚度，同时带动车友身边的潜在顾客。可以说，车友会提供了企业和车主进行双向交流的机会，可以从顾客的意见中提高品牌价值和改进质量，并提高创新水平。

**五、新车上市发布会**

汽车品牌制造商定期都会向市场推广新产品，新上市的产品发布会对市场影响巨大。因此，无论是制造商还是经销商都会举行隆重的新车上市发布会，发布会的活动策划将影响新车的销售。新车上市活动策划应注意以下几个问题。

**1. 新车上市时机的选择**

汽车市场竞争激烈，品牌本身市场定位应清晰。新车上市应选择在重大活动或有市场影响的重大事件时进行。例如，大多数新车发布都会选择每年一度的国际车展。在国际车展中，新闻报道频繁，参与车展的既有专业车主，也有潜在客户，新车发布活动容易起到宣传作用。

**2. 新车策划活动的新颖性**

目前，新车发布活动的局限性较大，缺乏创意和新颖性，难以影响消费者。很多汽车策划活动都以美女模特吸引顾客的眼球，但是这类活动的中心应是产品，活动的主题应围绕产品本身开展。

### 3. 市场定位应清晰

每款产品的市场定位在上市之前应该是十分明确的。上市发布会的市场定位也应配合产品的定位。假设产品定位于高端精英人群，上市发布会的主要参与者应以高端消费者为主，配以消费者身份的相关活动。

总之，随着信息技术的发展，汽车的促销手段也越来越多样化，企业在进行产品活动策划时，应以消费者需求出发，创新活动方式和方法。

## 【章末阅读】

### 沈阳中汽在沈北区域的"靓舰"活动

**一、主题思想**

根据近期销售成交客户的所属区域信息和潜在客户信息分析，城乡地区的销量仍占销售总量的62%左右。随着政府对沈北新区及开发区的土地规划的进行，城乡百姓的收入将大幅度提升，针对此情况开展"靓舰"走进城乡大型城乡宣传推广活动，以此快速抢占城乡接合部市场。

**二、活动思路**

本次"靓舰"走进城乡大型推广宣传活动以活动的连续性、实效性为创意主体。

1. 采用多样活动，层层环节紧扣，相互呼应，相互衔接。

2. 把握客户的购车心理，从初期购车理念、车型的实用性灌输，确保客户将自由舰（图3-1）作为购车的首选品牌。

图3-1 自由舰

3. 再次活动，加深客户对吉利的印象，消除客户的犹豫心理。

4. 利用"压迫式"宣传手段，激发客户的购车欲望。

5. 举办大型品牌宣传活动，使客户对吉利汽车的信服度提升，达到成交的目的。

6. 以当地直观有效的墙体广告保持品牌在当地的知名度，改变吉利汽车相对城乡地区的销售盲区。

**三、活动实践**

第一系列活动——首次城乡巡展（2月底）。

前期步入沈北新区，通过整体车队配以彩旗、车贴等宣传形式，提高巡展的关注度。目的是让当地百姓知晓、了解吉利汽车品牌；灌输价格优势、外观时尚和节油理念，给当地预购车者留下较深刻的品牌印象，促使当地百姓将吉利自由舰作为近期购车的选择，从而为后期二次巡展及大型促销活动做好铺垫工作。

第二系列活动——二次城乡巡展（3月1日—3月15日）。

二次巡展活动前，通过电话形式通知潜在客户群体此次巡展的时间和地点。针对城乡客户没有时间到店内看车的不便因素，从服务的角度，采用家门前看车的方式，再次加深当地百姓对吉利汽车的印象，这也是二次巡展的目的。同时，根据首次巡展了解到的当地客户的信息，针对这些人群制订相应的销售政策，以促使近期内成交。

第三系列活动——城乡大型商业演出活动（3月20日）。

前期的两次大型巡展活动为此次大型商业演出起到了很好的铺垫作用。此次活动选择了沈北新区中心——新城子文化广场作为活动的主要地点，因为该地区人流量大，容易集聚当地人，在此演出可以很好地覆盖蒲河、新城子、法库、康平地区等吉利现有的销售盲区，大幅度提升自由舰车型在当地的知名度。

事实表明，活动为后期当地销量的明显增长起到了关键作用。

# 第二部分　项目实施

## 环节一　情景引入

### 吉利新帝豪上市

吉利新帝豪上市，15款车，售价在6.98万~10.08万元。

外观方面：吉利新帝豪的前部采用家族式鸥翼前保险杠设计，盾形前进气格栅与锐利的前照灯相搭配。尾部设计上，新帝豪三厢镀铬饰条贯穿尾灯，与盾形车标形成呼应，整体设计更为稳健。新帝豪两厢采用了一体化扰流板，加上、下护板炭黑处理及双排气管的搭配，凸显运动感。

吉利新帝豪采用了双层一体式前照灯构造，LED日间行车灯则由8颗LED灯珠组成，行驶状态时保持亮起，以提高辨识性与行车安全。和现款车型相比，吉利新帝豪的轮毂变化比较明显。三厢车采用16in⊖双五幅轮毂设计；两厢车采用的是双色搭配、立体切削运动轮毂。

内饰方面：吉利新帝豪三厢以浅灰色为主要基调，配备了大量银色镀铬饰条；两厢的内饰以运动风格为主，环抱一体式T形仪表台并搭配全黑内饰，以红色缝线和银色镀铬饰条加以修饰。

配置方面：吉利新帝豪配备了G-Netlink智能车载终端系统、7in娱乐大屏、无钥匙进入等诸多高科技配置。

动力方面：吉利新帝豪除延续现有的1.5L DVVT发动机以外，还增添了吉利自主研发的首款1.3T涡轮增压发动机，最大功率为98kW，最大转矩为185N·m，1.3T发动机车型匹配6速手动变速器或CVT变速器。

## 环节二　任务设计

任务一：仔细阅读《沈阳中汽在沈北区域的"靓舰"活动》一文，并对该活动的可

---

⊖　1in = 0.0254m。

行性和有效性进行分析。

任务二：讲解活动的策划和组织，即方案的制订、人员的邀请、寄发邀请函、接待人员的要求、宣传资料等。

任务三：按小组完成方案的制订、邀请函的撰写、新闻稿的准备、活动结束软文的撰写。

任务四：各组以 PPT 展示自己的成果。

任务五：各小组上交新产品上市发布会的最终方案，3000 字。

## 环节三 项目考核（表3-2）

表3-2 项目考核

| 考核类别 | | 考核指标 | 考核等级 | | | |
|---|---|---|---|---|---|---|
| 过程考核 | 通用技能 | 交际表达，团队合作 | □及格 | □中等 | □良好 | □优秀 |
| | | 数据分析，市场敏感 | □及格 | □中等 | □良好 | □优秀 |
| | | 创新能力，数据收集 | □及格 | □中等 | □良好 | □优秀 |
| | 专业技能 | 产业趋势，市场预测 | □及格 | □中等 | □良好 | □优秀 |
| | | 顾客管理，工具应用 | □及格 | □中等 | □良好 | □优秀 |
| | | 竞争分析，创新策略 | □及格 | □中等 | □良好 | □优秀 |
| 结果考核 | 分析报告 | 专业用语，文笔流畅 | □及格 | □中等 | □良好 | □优秀 |
| | | 市场把握，分析透彻 | □及格 | □中等 | □良好 | □优秀 |
| | | 逻辑缜密，结构完整 | □及格 | □中等 | □良好 | □优秀 |
| | PPT 制作 | 构图雅致，层次感强 | □及格 | □中等 | □良好 | □优秀 |
| | | 文字凝练，重点突出 | □及格 | □中等 | □良好 | □优秀 |
| | | 图文得当，画面清晰 | □及格 | □中等 | □良好 | □优秀 |

## 环节四 任务评价

1. 要求各组代表总结开展项目的感受和收获。

2. 互评各组发言人的个人及团队表现。

3. 教师总结、评分。

## 环节五 课后作业

以小组为单位、销售额为考核，在规定时间内进行××品牌的汽车模型销售竞赛。

# 项目四

# 公共关系与汽车营销

**知识目标**

掌握 公共关系作用 公共关系误区 公共关系实战 公共关系策划 公关危机管理

**能力目标**

能够 辨别公关误区 撰写公关软文 组织公关活动 应对媒体公众 处理危机事件

**素质目标**

具备 口头表达能力 团队协作精神 创新能力 严谨工作态度 持续学习能力

## 【开篇阅读】

### 丰田汽车的环保理念

一、制造最环保的产品

日本车以节油闻名于世，同样，"制造最节省能源的汽车"已经在丰田成为最基本的要求。2004年，丰田几乎所有的车型已经提前完成2010年油耗基准，而混合动力车普锐斯更是创造了每升油跑出35.5km的佳绩。不仅如此，在车辆上安装自动收费系统，增设驾车支援、信息服务等功能，让车辆在行驶中尽量减少滞涩，同样可以达到降低油耗、减少排放的效果。

单位营业额的二氧化碳排放量比1990年减少35%，单位营业额的二氧化碳排放量比2002年减少20%，车身喷涂锌钠排放量比日本国标低17%。

1998年，丰田在行业内首次将ISO 14001导入开发设计部门。从2005年开始，为加强环境管理，丰田导入了环保汽车评估系统，这一系统贯穿汽车的整个开发过程，直到生产、使用、废弃阶段。"我们在产品中尽量减少对环境有影响的物质的使用，拿我们的混合动力车普锐斯为例，燃料箱换成了树脂材料，线束包覆材料停止使用铅，全车的氯乙烯使用量也减少到以前的1/10以下。"说起自己的产品，环境部西堤主查充满了自豪。

二、让汽车的"生命"延续

汽车地垫的材料是甘蔗等原料制成的生物塑料，内饰材料使用了洋麻纤维，这些材料的使用并不是为了简单地"回归自然"，更为重要的是，这些材料更易再生利用。而一台汽车的生命在丰田人的眼里永远不能终结——报废汽车的座椅将被制成汽车的隔音材料，树脂制成的保险杠将再次制成保险杠、车内饰品，车窗玻璃将被制成瓷砖，汽车的几乎所有金属物都将被高效循环使用，连废弃的发动机油、齿轮油都将被回收，成为锅炉和焚烧炉的助燃油。可以说，一台完成使命的汽车将成为一辆新汽车或其他物品新生命的开始。

在丰田制造的汽车上，常常能看到一些黑色的三角形箭头标识，这是为了提高拆解性能所制订的专有符号。标识指向的位置就是拆卸时的入手位置。而为了方便汽车拆卸的设计还不仅是一个标识，将仪表板的安装部位做成V形槽状等易于拆解的车身结构，把原先整个粘接到内饰上的隔音毡垫改用超声波点焊处理，把车顶灯改成"无螺钉"设计，一系列的细节，无不显示着"循环"理念已经谙熟于设计者心中，在汽车"今生"开始前，人们已经想到了它的"来生"。

三、做负责任的企业公民

离丰田几家大工厂不远，有一处被称为"丰田森林"的地方，面积相当于丰田的一个厂区。这里不仅是员工休息放松的场所，也是一个环境教育基地。丰田社会贡献部员工自拍了环境童话电影。"已经有人知道人类行为对环境的影响，他们已经行动起来。"电影中，小甲壳虫的话一直萦绕耳际。

在丰田高层的名片上，环保标志"绿叶汽车"赫然在目，似乎提示着渡边先生的一句话："梦想不能只是梦想，必须朝着梦想去努力……"

（资料来源：改编自网络）

# 第一部分 知 识 模 块

公共关系作为汽车营销活动中一个重要的环节，与广告、销售促进一样也是汽车营销的工具。但作为公共关系手段，它的目的是间接地塑造企业形象，提升汽车产品在消费者心目中的地位，从而提高产品销量。同时，当汽车企业经营遇到危机的时候，需要通过公共关系活动进行化解。

## 模块一　　公共关系概述

### 单元一　公共关系的含义与作用

#### 一、公共关系的含义

格鲁尼格教授在《公共关系管理》这本书里认为，公共关系是指一个组织与其相关公众之间的传播管理。企业应争取公众理解、支持、信任和合作，实现扩大销售。这一任务决定了其工作的主要内容是如何正确处理与公众对象的关系。

广义地讲，公共关系就是社会组织运用各种信息传播手段，在其内部和外部形成双向的信息沟通网络，从而不断地改善管理与经营，赢得公众的信任和支持，取得自身效益与社会整体效益完美统一的政策和行动。它的本意是社会组织必须与其周围的各种内部、外部公众建立良好的关系。它是一种状态，任何一个社会组织都处于某种公共关系状态之中。它又是一种活动，当一个社会组织有意识地、自觉地采取措施去改善自己的公共关系状态时，就是在从事公共关系活动。

公共关系的主体是社会组织，客体是公众，手段是传播。

汽车企业同样面临各种各样的社会组织和公众，因此也需要借助传播手段展开信息传递，从而树立汽车企业在消费者心目中的良好形象，塑造自身在公众中的社会责任形象。

#### 二、公共关系的作用

公共关系作为一门营销艺术，其作用主要表现在：

##### 1. 塑造企业形象

公关促销的实质是以公众利益为出发点，在为消费者提供优质产品或服务的同时，提高自身的知名度，赢得消费者的信任，刺激或诱导购买欲望，扩大销售，提高市场占有率和企业经济效益。要注意的是，要想迅速提高企业的知名度和美誉度，塑造良好的企业形象，就必须善于利用新闻媒体。

### 2. 收集汽车信息

公共关系所需收集的信息主要有两大类，即产品形象信息与企业形象信息。产品形象信息包括公众特别是用户对于汽车的价格、质量、性能等方面的反应，对于该产品优点、缺点的评价及如何改进等方面的建议。

企业形象信息则包括公众对本企业组织机构的评价，如机构是否健全、设置是否合理、人员是否精简、运转是否灵活、办事效率如何等；公众对企业管理水平的评价，如经营决策评价、生产管理评价、市场营销管理评价、人事管理评价等；公众对企业人员素质的评价，如对决策者的战略眼光、决策能力、创新精神等方面的评价；公众对企业服务质量的评价，包括服务态度、对顾客的责任感。一个完善的汽车企业组织机构有助于增强消费者对该企业的汽车产品消费的信心。

### 3. 社会交往活动

汽车企业在营销活动中，需要同内部和外部公众接触、沟通、交往。公关人员或营销人员在社交场合迅速与他人建立并保持一种友好关系；在各种活动中制造融洽的气氛，促进宾主之间的交流；面对各种特殊情况沉着自如，为个人及所代表的企业给人留下美好的印象，等等。这些，都将产生良好的效应，为企业带来良好的效益。在沟通和交往中，语言的运用十分重要。任何汽车企业都不是孤立存在的，对社会的公益捐助可以为企业树立良好形象。

### 4. 协调各方关系

企业在经营过程中，需要经常性地协调方方面面的外部公众关系，如与上游零部件和原材料厂家的关系、与各级经销商的关系、与政府各职能管理部门（工商、税务、质量技术监督、劳动监察、公安、文化等）的关系、与消费者的关系、与新闻媒体的关系、与竞争对手的关系等。这些关系协调的好与坏，对企业营销活动必然产生积极或消极的影响。因此，营销和公关部门必须考虑上述各方对本企业经营活动的影响程度及与本企业的利害关系程度，并结合轻重缓急，协调和平衡各方关系，营造良好的营销环境。一款新车型面世之后需要得到国家的生产许可批准，就是常说的上目录，那么，就需要汽车企业的相关人员熟悉其中的流程，这样才可以销售。

### 5. 培训、咨询和处理投诉

培训一是指通过公共关系活动开展市场教育，即向消费者灌输产品知识，宣传产品；二是指举办培训班，为客户开展售前技术服务。在营销活动中，企业可以设立专门的部门，其职责为为顾客（包括潜在顾客）提供咨询服务，解答疑问；预告新产品；处理消费者投诉；开展损失赔偿服务；等等。通过这些活动，可以直接增加消费者或产业客户的满意度，提高消费者的回头率。例如，吉利汽车集团专门设立了呼叫中心，用来解决顾客各种各样的问题，对于树立吉利汽车集团为用户着想的形象大有裨益。

### 6. 危机管理意识

企业在遇到危机或灾难时，公共关系必须发挥其预防、准备和供应功能。拟定面临危机的沟通计划；向传媒提供和发布与危机有关的公共关系信息。例如，广州本田雅阁的"碰撞门事件"，假如广州本田及时处理与受害人的关系，而不做过多的责任辩解，那么结果就不是人们将谈论的焦点放在本田雅阁的质量问题上，而会转向乘员要不要系安全带的问题，这样就会对广州本田更加有利。但很遗憾，他们没有这样做。

## 单元二 公共关系的基本原则和误区

### 一、公共关系的基本原则

#### 1. 以诚取信的原则

企业要在公众心目中树立良好的形象，关键在于诚实，只有诚实才能获得公众的信任。如果企业以欺骗的方法吹嘘自己，必然会失去公众的信任。例如，当某汽车企业发现自己的某款车型有质量隐患的时候，主动对该款车型进行召回，那么这属于诚实经营的表现，一方面依法办事，另一方面替消费者着想。

#### 2. 公众利益与企业利益相协调的原则

企业的生存发展离不开社会的支持，如劳动力、资金、生产资料的提供及政府的宏观调控。因此，企业应为社会公众提供优质产品，公关活动时必须将公众利益与企业利益结合起来。汽车企业为了攫取高额利润而置消费者的安全于不顾，在生产中偷工减料，成本虽降下来了，但安全也消失了，显然违背此项原则。

### 二、公共关系误区

在我国，一些企业对公共关系的认识还存在着许多误区，主要表现如下。

#### 1. 公共关系庸俗化

在公共关系活动的对象上，很多企业误认为公共关系活动的核心就是与政府和媒体拉关系。针对政府开展的所谓"公关"活动，实际就是一种"攻关"活动，想尽办法打通关节，企图谋取不正当利益。针对媒体的公关活动，就是将媒体充当"发稿机器"。一些企业缺乏与媒体沟通的有效通道，往往以为请媒体记者与企业的高层一见面，沟通企业的情况，记者就可以为企业做出相关报道。

在公共关系活动的内容上，很多企业以吃喝玩乐为交际联络手段，一切在吃喝玩乐中沟通解决，腐化和败坏社会风气。另外，还出现专职公关人员女性化现象，将公共关系活动庸俗化、低级趣味化。

#### 2. 混淆公关与广告的关系

一是把公关等同于广告。公关传播和广告传播在表达方式和表达内容方面都存在差异：广告注重创意，通过创意的新颖性和诉求的集中性来有针对性地传播信息；而公关传播注重新闻性和及时性，通过对新闻的策划和事件的推广来达到传递企业信息的作用。但很多企业将公关传播等同于广告，认为公关就是发"软文"，做软广告。

二是认为广告为主，公关为辅。广告和公关传播对企业品牌理念的传达和产品的推广各有不同的功能。广告侧重对知名度的提升和销售的拉动，而公关传播则侧重建立企业和品牌的影响力。广告的传播功能比较直接，而公关传播的影响则比较间接。相对而言，对品牌的传播适合以公关为主，而针对目标消费群的传播则更多应该考虑以广告为主。广告和公关是不同的传播手段，两者在绝大多数情况下需要整合运用，做科学的区别和划分，而不是一刀切地把公关置于配角的地位。

#### 3. 将公关投入与销售业绩挂钩

企业做广告，将广告效果与销售挂钩无可厚非。尤其是产品广告，拉动销售是广告的直接目标，所以在媒介的选择上要充分考虑销售渠道的区域分布。但一些企业在公关的媒体选择上也常常机械地照搬广告投放策略，将公关的媒体投放与销售区域严格挂钩，考核公关传播效果也要参照销售业绩。事实上，成熟的企业几乎不从销售层面考核公关的传播价值，更多的是从企业的影响力、品牌形象、特殊事件的处理等环节来评价。

## 模块二 公共关系实战运用

### 单元一 汽车营销过程中的公共关系活动

汽车企业营销活动的全过程始终与公共关系活动相关。一般情况下，营销活动的各个阶段都应该不同程度地开展相应的公共关系活动。

**一、市场分析阶段**

市场分析阶段的主要任务是分析市场环境，进行市场调查和预测，寻求市场机会。有远见的企业在这个阶段的活动中不是简单、被动地分析环境现状，静态地调查和预测当前的市场需求，而是结合公共关系活动宣传、提升企业形象，与公众先期进行沟通，从而为企业创造更多的市场营销机会。

**二、选择和进入目标市场阶段**

企业通过比较自己与竞争对手的优劣势后，选择并进入目标市场，这是传统的做法。但有时候，目标市场是否接受本企业和本企业的产品，则需要一定的公共关系活动，否则，可能被目标市场拒之门外。针对我国消费者的收入水平状况，许多汽车企业开发大量的小型家用轿车，满足目标市场的需求，但这些汽车企业无一例外都借了国家提倡构建节约型社会的东风。

**三、制订市场营销战略阶段**

制订市场营销战略阶段，公共关系是其重要内容之一。这个阶段的公共关系活动主要是结合本企业的营销战略，树立良好的企业形象、产品形象和品牌形象。

例如，吉利汽车的宣传口号"造中国老百姓买得起的好车"，其实就是公关广告。这个口号将吉利的产品定位（低档轿车）和品牌定位（为老百姓着想）简明扼要地传递给了每一个潜在的消费者。又如吉利的宣言："让中国的汽车走向全世界，而不是让全世界的汽车跑遍全中国！"这个富有煽动性的口号，既传递了吉利愿为中国汽车的民族品牌奋发努力的理念，又清晰地阐述了吉利拓展海外市场的发展战略。

**四、设计营销组合阶段**

设计营销组合阶段，从传统的市场营销 4P 组合角度来看，公共关系是促销组合的组成部分之一，其主要手段是通过一系列公共关系活动直接促进产品的销售。从大市场营销的 6P 组合角度来看，公共关系也是其中之一，其作用就不仅仅是直接促销了，而是整个营销组合策略的重要组成部分。它包括各种公共关系专题活动和公共关系危机的管理活动。

**五、市场营销组织、执行与控制阶段**

在市场营销组织、执行与控制阶段，公共关系运用也很广泛，具体表现在：

（1）在企业自建的营销组织内开展内部公共关系活动，建设一支团结、奋进、有战斗力的营销团队。

（2）针对中间商的公共关系活动，如企业形象宣传、年终聚会恳谈等，目的是加强厂商合作，稳定和密切厂商关系，让厂家和商家达到"双赢"的结局。

## 单元二　汽车营销中常见的公共关系手段

汽车营销过程中的公关活动必不可少，常见手段主要有：

### 一、出版刊物

刊物分为内部刊物和公开刊物。内部刊物主要起到信息交流、情况总结、员工培训和激励新员工的作用，但由于每一位员工背后都有一个大小不等的社交圈子，向自己企业员工进行企业理念和文化等的宣传有助于扩大企业的影响力和知名度。有一本写李书福的小册子在吉利集团内部广为流传，还有李书福自己写的《思想交流》都属于内部刊物之列，但它的确可以起到宣扬企业的作用。

外部刊物属于公开发行的材料，能够把企业的方方面面进行一个总结，让不知道本企业的人通过阅读刊物了解企业在做什么，做到什么程度，以及企业的责任是什么等。例如，联想集团早期出版的《联想为什么》就把联想集团的发展交代得十分清楚。

### 二、参与政治生活

随着社会的开放，一些企业家也当选为人大代表或成为政协委员，那么这也是汽车企业一个宣传自己主张的好机会。例如，吉利集团董事长李书福先生就是全国政协委员，在每年一度的政协会议上，他的提案都与汽车有关，他大声疾呼要发展民族品牌就是明证，2015年3月的政协会议是关于开放出租车市场的提案。

### 三、新产品发布会

借新产品上市的时候请大量的媒体记者和各界人士，通过这些媒体向公众宣传企业的产品，介绍企业的服务。例如，吉利金刚下线时举行的新闻发布会，虽然不一定可以立即提升吉利金刚的销售，但至少让很多人知道吉利金刚这个产品。

### 四、利用突发事件

突发事件有正面的也有反面的，如果该事件对企业而言是正面的，则有助于树立企业产品优质形象，那么应当借机造势，宣传企业和产品。

### 五、庆典活动

庆典是围绕本企业的某个重要日子而举行的庆祝活动，它是提高企业知名度、扩大社会影响的活动，现代企业的经营者都想方设法地、合情合理地利用它，常见的有开业庆典、纪念庆典、项目落成庆典等。例如，50万辆汽车下线或100万辆下线的纪念活动都属于此类，汽车企业可以借此机会整理思路，总结企业发展历程，向公众表明企业在不断前进和发展。

### 六、展览会

展览会既是一种宣传形式，又是一种传播媒介，是通过事物并辅之文字和图表或示范性的表演来展示企业成果的一种宣传方式。2005年9月，吉利汽车代表中国参加法兰克福车展获得了欧美汽车厂商的极大关注，这也为吉利汽车走向世界奠定了舆论基础。

## 七、资助弱势群体

资助弱势群体是公司为了搞好与社会或政府的关系，承担一定的社会责任和义务，提高社会声誉，以现金或现金等价物的形式对某类组织、某些活动项目、某些地区或个人进行的捐助活动。常见的有赞助文体活动、捐资助学活动等。

### 小知识

#### 吉利资助，让我们腾飞

2007年7月6日，由中国教育发展基金会吉利教育资助计划（5000万元善款）资助的30位贫困大学生代表回到"娘家"——吉利控股集团，零距离接触帮助自己实现梦想的亲人，激动的心情溢于言表。至此，吉利教育资助计划第一年新模式的探索与建立宣告阶段性成功。

2006年，吉利控股集团捐资5000万元支持教育助学基金，其根本宗旨在于帮助更多的有志贫困大学生，同时期望探索出一种全新慈善模式，即企业慈善不光是捐钱，更要注重管理；慈善是长期可延续性发展的事业。当年，教育资助计划共资助贫困大学生564名，参加本次活动的30位代表是其中的一部分，他们均首次回吉利"省亲"。

吉利控股集团副总裁王自亮与前来参观的受助学生代表座谈时动容地表白："很多时候，对施助者而言，微薄的付出兴许就是受助者命运的转折。在被吉利资助的很多同学还在自己艰苦奋斗的同时，已然行动起来用爱心去帮助更需要帮助的人，我尤感振奋。你们完全实践了我们资助计划的精髓。吉利倾力经营这个资助计划，其中融会了太多吉利人的坚持，我在此深深地感谢你们，是你们的坚持，让吉利为中国慈善软环境的迅速完善做出贡献的理想慢慢实现。"

中国教育发展基金会吉利教育资助计划总指挥刘建全表示："我们的教育资助计划旨在即时行动。我们不等待一个公益时代的成熟才投身公益，我们要携手致力于创造一个完善的公益时代。吉利教育资助计划不仅要帮助同学们实现梦想，还要陪伴着他们大学四年的成长。看顾564名同学四年乃至更长的大学生活，委实是件庞大的工程，但我们会坚持，因为这是吉利的理想，是我们的事业。"

中国医药大学来自宁夏的马福长同学汇报："吉利大学资助计划工作人员的严谨负责和无私奉献，才使我没有错过并幸运地拥有了珍贵的大学生活。我是我们村第一个大学生，现在我们村里的小孩都比以前更加努力学习。我们学校的图书馆很大，我们家乡的贫穷还很深，我要千倍地珍惜光阴，希望能成为一个好医生，回到家乡，救死扶伤。"

北京吉利大学美丽的四川小百灵藏族学生四朗德吉说："我一直梦想能通过自己的努力为家乡的改变做出贡献。吉利控股集团的帮助，圆了我大学的梦想。在第一年的大学时光，因为有资助计划工作组的关爱，我过得很快乐。新闻系的学习有很多的挑战，但在老师同学的帮助之下我不会放弃，就像我们藏族人在朝圣路上的那种执着的精神一样，无论什么困难，我都会始终坚持梦想。"

### 八、参观

参观是企业为了树立形象，提高信誉，达到与公众双向沟通的目的，组织公众对本公司的设施及工作状况进行观察、考察的专题活动。2007年7月下旬，来自清华大学汽车系的同学系统地参观了吉利汽车的各个基地，获得了现场真实的感受，并且与吉利控股集团的有关负责人进行了座谈。

### 九、公益活动

常言说好心有好报，公益活动体现了企业关心社会、关心人类的美好形象，因此是十分高明的促销手段。如果策划得好，赞助促销能够成为新闻的焦点，从而在公众中引起强烈的反响，达到宣传和促销的目的，如赞助希望工程、重视环境保护等。

赞助公益事业往往可以为商家带来意外的收获，除了能够塑造良好的品牌亲和力外，还能使品牌的美誉度大大提高；同时，良好的口碑也是赢得消费者信赖的基础。

无论是体育赞助还是公益事业赞助，除了获得赞助本身的媒体回报外，还应有一系列完整的营销手段与之配合，因为"赞助"本身仅仅只提供了操作的许可证，而如何以此为由头让它发挥奇效，创造最大的利益，还需要企业做另外的打算。

**小知识**

#### 健康·维权——吉利心系消费者，开展维权行动

"国际消费者权益日"已经不再仅仅是一个简单的搞些活动的日子，它的内涵已越来越丰富。2005年的3·15主题是"健康·维权"。作为汽车厂家，作为为老百姓造好车的吉利，我们知道消费者在我们身上所寄予的期盼，那就是真真正正为百姓造好车，真真正正为百姓用车服务好。当然，这也是吉利人的期盼。而这样的期盼不仅在每年的3月15日这一天，也在一年365天的每一天。

3月15日，吉利汽车杯2005年唐山市"3·15"晚会在唐山电视台播出。著名演员于文华等应邀参加了晚会。晚会一播出，在社会上引起了较大反响。而消费者对吉利汽车心系百姓的精神也是大为赞叹。晚会上，吉利公司领导还为2004年消费者维权的优秀个人颁奖，这也显示了吉利对消费者维权的支持与重视。

## 模块三　　公共关系危机管理

## 单元一　危机管理

公共关系危机管理是公共关系的一项职能。

近年来，我国消费者自我保护、要求知情权的意识日益增强，舆论监督越来越严厉，媒体在得不到正面答复的时候，追根寻源还公众真相的欲望就越强烈，互联网的传播方式也更容易鼓动公众情绪，结果使得危机越放越大。这就使得企业必须重视并加强对公共关

系危机的管理。

那么，什么是公共关系危机呢？

一般来说，公共关系危机就是专指灾难或危机中的公共关系，也就是公共关系在危机中的开发和应用，是处理危机过程的公共关系。

## 小知识

### 广本"婚礼门"事件回放

事情发生在 2005 年 1 月 9 日，离一场洞房花烛夜的喜庆婚宴还有三个多小时，杭州石桥镇新郎周先生迎亲的婚车车队中，一辆广本雅阁轿车突然发生车祸——当场一人死亡。在这起车祸中受伤的两名重伤员，经抢救无效先后死亡。至此，这起重大车祸造成三死两伤，成为杭州市当年发生的第一起特大交通事故。

突如其来的车祸让办喜事的所有人乱了阵脚，也让这桩婚事蒙上了阴影。新郎周先生是石桥人，在一家银行工作；新娘是德清上柏人，大学毕业后在杭州任教。据了解，这辆出车祸的广本雅阁轿车是新郎的亲戚于前一天晚上从上海借来的。9 日，新郎请他的朋友石桥人何某驾驶这辆轿车迎亲。当时何某开车，车内坐着女方的三男一女四位亲戚，排列的位置在第八辆作为尾车，从德清驶往杭州。

1 月 9 日 14：10 左右，这辆广本雅阁轿车行至杭州南庄兜收费站，由于前面六辆车是杭州本地车，有统缴卡，而这辆车和另一辆车没有卡，因此要缴费过关。等广本车通过收费站时，已与前车相距约有 100m。过了收费站几分钟后，车子还在加速往前赶，但意外发生了，驾驶人突然发现前方约 10m 外有一条大黄狗自右向左横穿马路。

据驾驶人说，他马上紧急制动，但已经来不及，车头撞上了那条黄狗，车内转向盘中的气囊弹了出来，他的脸被蒙住，一点都看不到。之后，他便什么都不知道了。从事故现场分析，这辆雅阁轿车在这个瞬间的行动方向偏向左侧，画了一道长长的弧线，侧滑 50 多 m 远，然后车头撞上了低矮的花坛。巨大的惯性使车身打转，车后部又重重撞在连接花坛的水泥隔离墩上（这里正好是上塘高架引桥的起点，花坛变水泥墩）。崭新的广本雅阁轿车当场解体，在车厢底部的车身底板前后焊接连接处断为两截，两前轮承载的驾驶室翻到对面车道；两后轮承载的车体在原先车道上。车后座上新娘三名年轻的表亲均被甩出车外，重重摔在马路上，坐在后座上的一位 19 岁男孩当场死亡。

广本雅阁轿车撞成两截这个消息知道的人并不多，但这个事情对雅阁车的消费者来说影响很大。广本雅阁轿车"婚礼门"事件能否依照事故认定的那样得到客观处理，不仅涉及厂家关心的产品和市场问题，还对中国汽车召回中的特别案例提供一个解决的参考。毕竟，这次的恶性交通事故造成了三死一伤的严重后果，而且车辆本身严重肢解了。在这个事件中，广州本田很有可能面对不同的发展状态，如果产品质量有问题，则问题处理相对容易。业内人士指出，如果不是质量问题而是设计问题，广州本田面对的将是召回。

## 单元二　公共关系危机处理的程序和危机对策

### 一、公共关系危机处理的程序

**1. 控制事态，将损失降到最低**

危机事件来临时，往往猝不及防。因此，关键时刻需要冷静，要成立专门的小组，制订应急计划，妥善处理。当代社会，信息超级发达，无孔不入，传播迅速。在事件发生后，企业要尽量赢取时间，使形象和损失降到最低。

#### 小知识

##### 广本"婚礼门"事件到底影响有多大

尽管鉴定结果还需要等待一段时间，但是"婚礼门"事件已经开始影响到雅阁的销售。"我只是来看看，本来决定年前买一辆的，但是听说这件事（指"婚礼门"事件）之后，周围的朋友开始议论纷纷，我也有些犹豫了。"2005年1月27日下午，记者在位于上海金沙江路靠近外环线附件的广州本田汽车美顺特约销售服务店门口采访章先生时他表示。

在广本美顺4S店内，记者注意到，店内左边前台销售接待处的客户几乎没有，但是右边维修接待处人来人往十分频繁。在4S店的右侧进口处，短短的30min内，有三辆2.4L的蓝色雅阁进来检修，而在维修区内，至少还停放有四五辆雅阁等待检修。"我们是上周接到4S店的通知之后才来检修的，不久之前刚刚听说杭州撞车事件。"在维修区内的一位李姓雅阁车主接受了记者的简短采访，"没有影响是不可能的，但是我们现在担心的是，由于断裂部位涉及多方面，这样的例行检修能不能解决隐患的确难说。"李先生有些担心地说。

但是广本新闻发言人汪伟对早报记者表示，此次广州本田服务双周已于1月24日开始，主要针对冬季用车进行空调系统、冷却系统和制动系统方面的全国免费检测，并非突然增加的维修服务项目。

不过，受到"婚礼门"事件的影响，雅阁的销售还是受到一定的打击。"原来计划年前购买雅阁的几个朋友都准备转买帕萨特和福特蒙迪欧了。"在美顺打算购车的章先生坦言。记者随后在广本永达4S店及位于沪青平公路上的广州本田汽车本亭特约销售服务店随机采访十多位车主及前来咨询的客户，其中超过一半的人听说过"婚礼门"事件，而听说过"婚礼门"事件的人超过80%的人怀疑产品质量问题。

"雅阁的销售现在还没有受到很大的影响。"上海一家4S店的总经理坦言，"一方面，由于厂家的公关得力，公众和车主知道消息的人不太多；另外一方面，雅阁现在的口碑还是不错的，大家也在等待结果。"不过，这位人士指出，如果鉴定证实雅阁的确出现质量问题，这会对当前热销的雅阁造成极大的影响。"初步预计，'婚礼门'事件对雅阁的负面影响会在两个月之后集中体现。"这位老总颇为担忧地表示。

**2. 表明公司态度和行为**

公司发生危机事件，业内和公众比平时的任何时期都关注该公司，急于了解真相，对外对媒体的态度只有两个：要么掩饰，隐瞒真相，保持沉默；要么坦诚告知，表明诚意。有时隐瞒真相，助长公众的怀疑，影响面更大，而表明诚意才是最佳选择。

在某些特殊的危机处理中，企业与公众的看法不一致、难以调解时，必须靠权威发表意见，权威意见往往对企业危机的处理能够起到决定性的作用。因此，企业在处理危机时，一方面要做到谦虚自责，勇于承担责任，始终把社会公众的利益放在首位；另一方面也要做到坚持原则。

**3. 了解事实，公开真相**

事件的处理，最终是建立在事件真相上。调查真相很重要。只有清楚产生的原因与事件本身，才有可能做到及时、正确处理。

---

**小知识**

### 设计缺陷还是产品故障

"撞车事故我们处理过不少，但是断成两截的确是第一次出现。"杭州处理该事故的交警对记者感慨地说。在"婚礼门"事件过去近20天之后，记者就此事对广州本田、广本经销商、消费者及轿车车身技术专家进行大规模的调查和访谈，探询和接近事件的真相。

杨先生是沪上经营广州本田4S店的老总。"我觉得雅阁撞车断成两截应该只是个案，或者只是小批量的产品质量问题，设计出现问题的可能性不大。"杨先生对雅阁还是充满信心，"现在广州本田生产的雅阁不仅在国内生产和销售，而且国产雅阁的原型车在日本、美国及世界上超过50个国家销售，年销售近100万辆，而且只有在国内出现过断裂事件，我觉得设计缺陷应该可以排除。"

车身技术专家、上海交通大学车身技术中心储国平博士则对记者表示，单一事故很难界定属于技术设计缺陷还是产品质量事故。储博士表示，一般说来，相比德国及美国车系，日本和韩国车型从降低成本考虑，在车用材料方面成本也低，雅阁出现断成两截事件，可以肯定的是，作为轿车车内主要保护装置的轿车车身轿厢底板内围的焊接质量，以及起强化作用的外围连接钢板存在质量缺陷，至于是否存在设计缺陷还很难肯定。

---

**4. 分析情况，采取对策**

企业在对危机事件真相调查分析的基础上，可以针对不同的对象公众确定相应的对策，此时需注意要统一发布口径，尽量避免使用含糊不清的词，要明确表明自己的立场和态度以减少猜测。必须知道，企业应将客户放在第一位，引导媒体以公正的立场和观点报道，不断提供公众关心的消息，投公众所好。

**小知识**

东方早报：请你简单介绍一下轿车车身的主要结构。

储博士（上海交通大学车身技术中心）：一般说来，轿车主要是承载式车身。一般轿车车身可以分三部分：发动机舱、轿厢（又称"乘客舱"）、行李箱。雅阁及其他主要轿车的车身中，轿厢部分由前后两块最后焊接而成。此外，在轿厢的侧面还有一个加强强度的侧围，一般来说，根据性能的要求，侧围是整体连接而非简单前后焊接的结构。

东方早报：你觉得此次事件是设计原因还是产品故障？

储博士：在我来看，具体原因很难判断，但是有一点可以肯定，此次轿厢断裂，肯定和设计及制造质量有关。而且很明显，断裂的部位在轿厢前后钢板的焊接连接处，能不能断定焊接质量我不能肯定，但是作为主要缓冲及吸能装置的轿厢侧围没有起到作用，我觉得非常奇怪。

东方早报：这会造成什么影响呢？

储博士：侧围没有起作用，一方面可能是钢板厚度不够，另一方面也可能是侧围的设计不合理。

东方早报：这和日系汽车公司过于注重降低成本有直接联系吗？

储博士：应该还是有密切联系的。日系汽车公司和韩国汽车公司，无论是钢板的厚度还是材料使用，成本因素影响比较大，钢板厚度相比德系车及美国车系要薄一些。

东方早报：雅阁事件的鉴定结果何时正式对外公布？

广州本田（广州本田新闻发言人汪伟）：目前正式的结果还没有出来，许多媒体和车主都十分关心这个结果。一旦各个部门的鉴定结果出来之后，广州本田会在第一时间给媒体和社会一个答复。

东方早报：杭州当地的媒体报道，除了当地的技术部门和广本之外，国家质检总局调查组也参与到撞车事件的调查中？

广州本田：这个消息目前还无法证实。

东方早报：1月24日广本出台的2005年广州本田"喜迎春"服务双周活动启动，和此次撞车事件有没有关系？

广州本田：没有，这个计划早在去年就已经制订。

东方早报："婚礼门"事件之后，广州本田的销售有没有受到影响？

广州本田：在杭州，当地经销商反馈的信息表明，此次事件对雅阁的销量影响有限。全国各地集中回来的信息也显示，1月份雅阁的销量不会受到太大的冲击。

东方早报：你是何时知道杭州雅阁撞车事件的？

陈先生（2.4L雅阁车主）：大约在28日才知道。各大媒体上几乎都没有这件事情的报道呀！我觉得很奇怪。后来通过朋友提醒之后才知道。我后来在网上搜索的时候，才发现一条不起眼的关于这个事件报道的新闻。

**小知识**

东方早报：此前，你觉得你的雅阁车的使用情况如何？你觉得这款车性能如何？

陈先生：我觉得这个车不错呀，无论是操控性能还是加速性能，我都比较满意。整体说来，在这半年多的时间内我觉得我的雅阁还是没有什么大问题的。

东方早报：那么，此次事件会影响雅阁在你心目中的形象吗？

陈先生：这个是肯定的，毕竟车子撞断了呀！安全性能是我最为看重的，如果安全都得不到保障，其他的无从谈起。以后开车我要特别小心了。

东方早报：那你觉得雅阁此次事件对你影响最大的是什么？

陈先生：哦，我开始怀疑雅阁的性能。这是以前从来没有过的。

东方早报：那么，你会采取什么措施来保护自己？

陈先生：保护？哦，现在还没有想过，我觉得如果真的是设计问题，厂家就应该对消费者负责。

东方早报：你会不会建议周围的朋友放弃购买雅阁？

陈先生：我会建议他们放弃。

5. 召开新闻发布会，发布正式消息

企业危机爆发，这些负面新闻往往备受舆论的关注，媒体等待着公司给出的结果和说法。因此在一系列的对策、措施制订落实之后，企业就应因势利导迅速进行危机真相及危机处理全过程的公布。

6. 组织力量，有效行动

公众、媒介和舆论不仅要看企业在新闻发布会上的宣言，更要看企业的行动。危机涉及的面很广，仅靠公关的力量是不够的，因而领导需要亲临第一线，亲自组织和协调。

7. 认真处理善后工作。

对客户和消费者来说，善后包括赔偿、安慰、关怀等。对危机事件当事者来说，包括诸如收集、整理、分析媒介对危机的报道等，也包括对危机处理效果的调查。

8. 总结调查，吸取教训

危机处理小组应对危机处理情况做出全面的调查、评估，并将调查结果向董事会和股东报告，向公众和媒体公布。对于一些重大事故，企业也可以刊登文章检讨自己。

面对"婚礼门"事件，广本的后续工作丝毫不敢懈怠。

**二、公共关系危机处理的对策或技巧**

公共关系危机处理没有固定的模式。面对不同的公众对象，一般情况下，有如下对策和技巧。

1. 企业内部对策

（1）迅速成立危机事件的专门机构。

（2）了解情况，进行诊断。

（3）制订危机处理的基本原则。

（4）急告援助部门，共同参加急救。

（5）将方针、原则、程序和对策告知全体员工，统一口径。

2. 对受害者的对策

（1）诚恳地向受害者及亲属道歉，并承担责任。

（2）耐心而冷静地听取受害者的意见。

（3）了解、确认和制订有关赔偿损失的文件与处理原则。

（4）避免与受害者及家属发生争辩与纠纷。

（5）企业应避免出现为自己辩护的言辞。

3. 对新闻界的对策

（1）确定如何向新闻界公布危机事故。

（2）成立临时记者接待机构。

（3）为了避免报道失实，向记者提供的资料应尽可能采用书面形式。

（4）主动向新闻界提供真实、准确的消息。

（5）必须谨慎传播。

4. 对消费者的对策

（1）迅速查明和判断消费者的类型、特征、数量和分布情况等。

（2）通过不同的传播渠道向消费者发布说明事故概括的书面材料。

（3）听取受到不同程度影响的消费者对事故处理的意见和愿望。

（4）通过不同渠道公布事故的经过、处理方法和今后的预防措施。

5. 对客户的对策

（1）尽快如实地向有关客户通报事故发生的消息，表明公司对该事件的坦诚态度。

（2）以书面形式通报正在和将要采取的各种对策和措施。

（3）如有必要，可派人直接与重点大客户进行当面沟通、解释。

（4）在事故处理过程中，定期向所有客户通报处理经过。

（5）事故处理完毕，应以书面形式表示歉意，并向理解和援助的单位表示谢意。

除上述关系对象以外，企业还应该根据具体情况，分别对与事件有关的政府部门、社区、组织、友邻单位等公众采取适当的传播对策，通报情况，回答咨询，巡回解释，调动各方面的力量，协助企业渡过危机，将企业形象的损害程度控制在最低限度。

## 【章末阅读】

### 三菱帕杰罗的公关败笔

中国国土广袤，既有总长位居世界第二的高速公路，又有大量的崎岖山路，汽车厂家只能让车去适应复杂的道路，不可能削足适履让一国的道路来适应另一国的车辆，许多用户就是为了解决路况不佳地区的交通需要才特地购买帕杰罗越野车，三菱应该加倍努力改进车辆，使车辆更好地去适应复杂的路况，尽显态度端正和诚恳。

三菱在西北、西南等"酷地"占有同类车型最大的保有量，本身就说明其产品整体适应性很强，即使仍有不足也属正常，许多别的车型都被"酷地"使用条件所淘汰，想出帕杰罗的问题都没有机会，三菱何不借机公开对现有的用户做出"改正"和服务承诺，顺道让潜在的用户都知道在"酷地"范围，帕杰罗始终是销量之最。

在对待多起事故受害者的索赔事项上，三菱与具体的索赔者较上了劲，这是公关大忌。交通事故受害者的凄凄惨惨哭诉是最能打动他人的，厂家无论在何种情况下，可以与用户直接沟通或协商，但不能直接发生冲突，尤其不能对已受伤害的人说三道四，只能安抚同情或做些力所能及的慰问，哪怕出于某种考虑。事件公开化后必然会有事故受害者跟进要求索赔，这是国际上常规现象。

有的机构号召用户要向三菱退车、人身伤亡赔偿、赔偿误工误时费用等。赔与不赔都置三菱于两难境地，虽然三菱正式承诺对确因产品技术问题造成的事故，将按照中国的法律给予补偿。三菱最好的处理办法就是主动拜访国家司法部和最高人民法院，倾听司法部门的建议，一是体现对中国法律的尊重，二是彻底了解权威的司法解释，有这层铺垫，各地法院审理当地帕杰罗车用户赔偿案件时就不会"剑走偏锋"。三菱帕杰罗事件的处理不善也使得其他企业引以为戒。在奔驰MB100面包车"召回"的事件上，奔驰方面做了改进，在国家质检总局发布"公告"前，奔驰自己主动发布了服务公告，也不刻意区分何种渠道进来的车。本田汽车在全球召回200多万辆车时，在华的机构和合资企业也很快有了反应，主动发布通告，提供解决办法，积极与社会沟通，也就化解了可能的公关危机。在这方面，美国的大企业始终走在公关业务的前列，在美国刚发生"凡士通轮胎"事件时，在中国还没引起什么反响，福特汽车中国公司就迅速"出击"，主动发布通告和替换轮胎的方案，虽然在华涉及的车辆极少，但是作为大企业首先要体现对社会和公众的负责精神。即使随后在美国闹得福特大伤元气，但在中国却始终风平浪静。这些都是企业公共关系做得成功的事例，保证了企业品牌正常的形象。

（资料来源：改编自网络）

# 第二部分 项目实施

## 环节一 情景引入

### 鬼门关前走一趟，吉利汽车永不忘

事件回放：一辆疾驶的小车，一个从路边冲出来横过马路的小孩，紧接着是因猛打转向盘和紧急制动而发出的轮胎与地面的刺耳摩擦声，即将驶入桥面的小车带着巨大的惯性斜着向前冲去，在激烈而巨大的硬碰硬的碰撞中，小车冲出路面，在空中划过一道弧线，"砰"的一声落地，翻滚了几圈停了下来，车顶着地，四轮朝天。一会儿，驾驶侧的车门从内打开，一个惊魂未定的人爬出来，他急切地呼喊着踹开副驾的车门，又一个失魂落魄的人从里面出来，互相瞅瞅对方，两个相安无事的人抱在了一起。

看到这儿，很多人以为这是在拍大片，实际上这是在济南历城区孙村镇发生的惊险一幕：刘姓父子俩开着一辆刚买不久的吉利自由舰从老家返回，在途经孙村镇时因避让突然横过马路的小孩而导致车辆失控，失去控制的小车撞断大桥的两段栏杆坠入河中，幸好河中没有水，只是光秃秃的河床。

当车拉到维修站时，维修人员十分吃惊：整个车已是面目全非，毫不夸张地说，除了发动机、变速器是好的外，其他的都损毁严重，保险公司定损给的评级是报废，而当时车中的父子俩却没有什么大的损伤，只是受了点皮肉伤，真是到鬼门关走了一遭。保险公司定损员对记者透露，像车子破坏得这么严重，车里的人往往即便不死也是重伤，而这父子俩几乎是毫发无损，还是他们自己打电话报的警，这在车险中是很少见的。

提及此事，当时开车的年轻儿子介绍说："当时天气和路况都不错，车子速度在100km/h左右，当有个小孩突然闯入视野时，为了避让，自己只是下意识地猛打转向盘，听到撞栏杆的声音，后来就在天旋地转中蒙了。万幸的是，都没有受伤。"当父子俩抱在一起时，他有一种几乎按捺不住的冲动，"吉利自由舰万岁"差点就喊了出来。据现场勘查的交警介绍，父子俩驾驶的吉利自由舰带有双安全气囊，出险时，两个气囊都打开了，转向柱成功溃缩，发动机发生下沉，这些都是汽车安全性能设计良好的表现，如果车子的安全性能没有达到相当高的水平，后果将不堪设想。

服务站负责人介绍说，在车子定损期间，刘姓父子来来回回到服务站跑了不少趟，每次刘姓父子都会发自心底地向旁人介绍，吉利自由舰的良好安全性能是名副其实的。据了解，自由舰的全封闭笼形承载式车身结合全质钢板设计和一体式侧围保证了整个车身的强度和韧度，加上 ABS、EBD、安全带、双气囊、四门侧面防撞梁和多处吸能区等的设计确保了吉利自由舰的安全性能。在 2005 年年底，吉利自由舰已经在美国 GTL 试验室通过了顶部碰撞试验，而美国的交通和安全法规对车辆的苛刻要求是举世公认的，这是迄今为止国内汽车首次在国际上完成顶部碰撞试验。

## 环节二　任务设计

任务一：仔细阅读《三菱帕杰罗的公关败笔》一文，你认为三菱公司应如何面对这些困扰？请设计一个解决方案，2000 字。

任务二：把情景引入事件中的不利因素化为有利宣传点。

任务三：在教师的指导下，筹划、模拟危机公关中的记者招待会，回答记者的各种问题。

任务四：把发布会的内容制作成 PPT。

## 环节三　项目考核（表4-1）

表4-1　项目考核

| 考核类别 | | 考核指标 | 考核等级 |
| --- | --- | --- | --- |
| 过程考核 | 通用技能 | 交际表达，团队合作 | □及格　□中等　□良好　□优秀 |
| | | 数据分析，市场敏感 | □及格　□中等　□良好　□优秀 |
| | | 创新能力，数据收集 | □及格　□中等　□良好　□优秀 |

（续）

| 考核类别 | | 考核指标 | 考核等级 |
|---|---|---|---|
| 过程考核 | 专业技能 | 产业趋势，市场预测 | □及格 □中等 □良好 □优秀 |
| | | 顾客管理，工具应用 | □及格 □中等 □良好 □优秀 |
| | | 竞争分析，创新策略 | □及格 □中等 □良好 □优秀 |
| 结果考核 | 分析报告 | 专业用语，文笔流畅 | □及格 □中等 □良好 □优秀 |
| | | 市场把握，分析透彻 | □及格 □中等 □良好 □优秀 |
| | | 逻辑缜密，结构完整 | □及格 □中等 □良好 □优秀 |
| | PPT 制作 | 构图雅致，层次感强 | □及格 □中等 □良好 □优秀 |
| | | 文字凝练，重点突出 | □及格 □中等 □良好 □优秀 |
| | | 图文得当，画面清晰 | □及格 □中等 □良好 □优秀 |

## 环节四　任务评价

1. 各组学生代表向大家介绍本组是如何做汽车企业危机公关案例的选择和分析的。
2. 各组代表总结分析汽车企业危机公关案例的感受和收获。
3. 互评各组发言人的个人和团队表现。
4. 教师总结、评分。

## 环节五　课后作业

从日常生活中选择两例危机公关实例，分析其危机处理的策略技巧及效果。

# 项目五

## 展厅销售流程与沟通技巧

● **知识目标**

掌握　4S店经营模式　销售沟通技巧　展厅销售流程　展厅内部管理　顾问规范管理

● **能力目标**

能够　进行陌生沟通　识别客户心理　把握客户需求　陈列展厅设施　规范展厅管理

● **素质目标**

具备　口头表达能力　团队协作精神　创新能力　严谨工作态度　持续学习能力

## 【开篇阅读】

### 高额租金——4S 店老总心中的痛

红彤汽车集团总经理朱家慧开始感觉到 4S 店租金快速上涨是在 2010 年前后，当时 4S 店如雨后春笋般抢占城中空地，不断挑战关内土地资源的极限，水涨船高的土地租金逐步成为深圳车商老总、投资人心中的痛。这份痛还伴随着这几年深圳几个老车城的拆迁，东都车城、曾经的鹏程宝汽车城、华南汽车城等相继退出历史舞台后，不少车商开始了几易居所的生活，即使是数年乃至十年以上的老店，也未必能逃过此"劫"。看看在 2014 年前后经营一家 4S 店到底有多难？单店租金成本到底有多高？车商又该如何破局呢？

即使遇上车市低迷期，车商仍能通过管控成本转变营销战略等平衡利润，但租金永远是梗在车商心头无法拔去的刺。在记者采访中，多位车商谈到不断上涨的租金时显得无可奈何："一线城市房价上涨那么快，这几年店又很多，租金肯定要上涨，我们能怎么办？"

深圳目前有 4S 店近 300 家，主要集中在关内，关内目前土地平均租金要超过 60 元/（$m^2$·月）。

记者了解到，几个大型车城如罗湖的东益汽车市场和深业车城、福田的联合华鹏汽车市场和元瑞汽车广场及南山的月亮湾汽车长廊，租金都不低。东益汽车市场平均租金超过 50 元/（$m^2$·月），深业车城建成后租金每月可达近百元每平方米，香蜜湖的几个汽车市场目前租金水平大约在 60 元/（$m^2$·月），南山月亮湾长廊也差不多。

关内其他零散地点的平均租金也基本都超 60 元/（$m^2$·月），维持在 70 多元，并且这些 4S 店的租金每年还会以 8% 左右的幅度上涨。

迫于租金和土地压力，有一些 4S 店逐渐搬到关外，记者了解到，像龙岗的信义车城和宝安的世纪车城等，每月平均租金是二三十元每平方米，相比关内价格优惠很多，但由于受限于厂家的区域授权和目标顾客群体的选择，更多 4S 店选择坚守关内，如原本位于鹏程宝车城的宝源行宝马 4S 店最后落定地点就是香蜜湖联合华鹏汽车市场。2014 年，宝源行又在福田汽车站旁开辟一个新店面。"福田的顾客基础毕竟还是在的。"其内部人士称。当然，该店在寻求更大建店规模的同时也承担着更大的租金压力。

不过记者也了解到，也有大经销商集团凭借笃实的财力背景直接买地建店，免去租金之重。例如，深圳昊天林汽车有限公司旗下的北京现代等店所占土地都属于自家物业，"的确可以省去相当一部分开销，压力会小一些。"昊天林现代总经理陈功付称。

但这种情况毕竟少，目前租金仍是大多数深圳车商难以承受之重。红彤汽车集团总经理朱家慧坦言，每月租金成本需占 4S 店总成本的 20% 以上，"租金一向是 4S 店一个较大的压力。"

掐指一算，租金负担到底有多重？

记者了解到，位于罗湖笋岗的某中端品牌经销商，其 4S 店占地面积为 5000 多 $m^2$，每月租金约 40 万元，一年即将近 500 万元。这笔成本到底有多高？我们不妨算一算。

现在卖车毛利约 1000 元/辆，按照每月 40 万元的租金成本，那么该店每月必须卖出 400 辆才能稍微抵销租金，即平均每周必须卖出 100 辆，每天 13 辆。

假设单车到店保养平均开销为 1500 元/次，目前售后毛利率 45%，则单车平均毛利为 675 元，那么每月必须达成 593 辆车到店保养，平均每周是 148 辆，每天近 21 辆车。

根据2014年深圳工资指导价位，2014年深圳平均月薪为4360元/月，40万元还相当于可雇佣92名普通工人，或者支付一名普通工人92个月的月薪。

5年前，一个中端品牌4S店每年毛利约为700万元，基本上3年左右可以收回投资。现在，同等规模和品牌的4S店的毛利每年仅约350万元，在投资增大和成本增加的大趋势下，收回投资至少需要8年时间。

（资料来源：张洁瑶，南方都市报，2014年9月18日）

# 第一部分　知识模块

汽车产业是我国国民经济支柱产业之一，经过近50年的发展已经具有了较好的基础，汽车保有量和需求量快速增长。伴随着汽车销量的上扬，汽车制造业的竞争日益加剧。市场竞争经过产品战、渠道战、品牌战，汽车品牌由产品品牌发展到售后服务品牌，可以说，现在国内汽车市场已进入服务制胜时代。而作为向汽车消费者提供销售和服务的终端，汽车4S店已经成为整车企业越来越重视和青睐的渠道模式。

## 模块一　4S店销售模式

### 单元一　国外汽车4S店模式

在全球，汽车售后服务市场一般有两种主流的经营模式：一种是已经在中国崭露头角的4S店销售服务模式；另一种是脱离整车品牌的连锁经营模式。

汽车4S店模式即品牌专卖制度。在汽车销售市场上，汽车整车企业与汽车经销商签订合同，授权汽车经销商在一定区域内从事指定品牌的营销活动，形成了品牌专卖。汽车4S店是品牌专卖店发展到20世纪90年代的产物，是以汽车整车企业的连锁式品牌专项经营为主体，以整车销售、维修服务、配件供应和信息反馈的"四位一体"为特色的综合性汽车营销模式。可以说，汽车4S店的核心含义是"汽车终身服务解决方案"，这种模式是汽车市场激烈竞争下的产物。因为，随着顾客消费心理的不断成熟，顾客需求日益多样化，对产品或服务的要求也渐趋于严格，而原有的代理销售体制已不能适应市场与顾客需求。汽车4S店的出现恰好能满足顾客的各种需求，它可以提供装备精良、整洁干净的维修区，以及现代化的设备和服务管理、高度职业化的气氛、良好的服务设施、充足的服务备件供应、迅速及时的跟踪服务体系等。汽车4S店的服务可以让顾客对品牌产生信赖感和忠诚度，从而扩大汽车的销量。

## 一、汽车 4S 店模式在欧洲的发展

汽车 4S 店模式起源于欧洲，那里交通便利、城市距离近、汽车业发达，尤其是在汽车保有结构上，其特点是车型集中、每种车型有较大保有量。以德国为例，全国人口约为 8100 万人，汽车拥有量 5000 万辆，而其中轿车多达 4200 万辆，并且品牌多集中在欧洲本土生产的大众、奔驰、宝马等大型汽车集团旗下。正是因为有这样的环境条件，汽车 4S 店"四位一体"的经营模式才得以在多数欧洲国家存在和发展。

欧洲汽车销售体系的建立是以汽车整车企业为中心的，无论哪种销售体制，分销商、代理商和零售商的一切经营活动都是为整车企业服务的。它们之间的关系一般通过合作或产权等为纽带，依靠合同把销售活动与双方的利益紧密地联系在一起。

大多零售商都具备新车销售、旧车回收式销售、零配件供应、维修服务和信息反馈等功能，简称为"5S"。德国、法国、意大利这些汽车大国的专卖店偏爱简单、实用的风格，新车、二手车同场销售。专卖店是普遍的销售模式，规模则大至上万平方米，小至上千平方米，同一整车企业的多品牌同店销售已成为欧洲各国重要的发展模式。此外，还有不少不从事整车销售，仅提供汽车售后服务的特约维修店。无论是 4S 店，还是特约维修店，它们只负责给特定品牌的汽车提供服务，维修中使用的专用维修设备大多由该品牌汽车整车企业提供，而服务备件一般也都是原厂件。由于特约维修店垄断了新车保修业务，每一家维修店的顾客都是相对稳定的。

由于销售网点过于密集，利润空间逐年减少，经销商无利可图，只能合并或破产。因此，欧盟开放了汽车销售形式，重新设计适应新环境的营销形式，将销售和维修完全分开，并对汽车零售业进行改革，允许多品牌经营、减少中间环节以达到降低成本和促进消费的目的。

## 二、汽车 4S 店模式在美国的发展

美国作为全球第一大汽车强国，近年来汽车销售量一直在 1500 万辆以上，即便是在困难重重的 2009 年，汽车销售量也在 1000 万辆以上。与其新车销量相对应，美国的汽车市场和营销模式也处于世界领先地位。美国传统的汽车销售体制是从整车企业到特约经销商再到顾客，每个地区设立地区机构负责产销关系，同时设有配件中心供应配件，还设有负责修理及培训的维修中心。美国汽车销售的主流模式仍然是汽车专卖店，厂家不直接参与销售商工作。全美共有 2.2 万个汽车专卖店，大多数专卖店只做销售，少数具有一定规模的才会建有售后服务体系。其主要原因是销售商提供维修服务费用很高，3S、4S 传统经销模式的经销点的建立和运行费用都很昂贵。而且，由于汽车科技含量的迅猛提升，所需的维修设备也越来越昂贵，没有必要每个经销商都购置一套。所以，美国的汽车售后服务逐渐趋向专业化经营，汽车销售已经实行销售和售后服务的分离，如汽车金融服务、保险服务等已从原有的售后服务体系中独立出来。

因此，可以说，在美国，真正意义上的汽车 4S 店并不是汽车销售服务渠道的主流模式。

## 三、汽车 4S 店模式在日本的发展

日本的销售服务渠道体系主要有两种流通模式：独立经销商和整车企业出资建立的经销商。日本汽车销售模式以地区经销店为代表，业务构成分三块，即新车、二手车和售后服务。地区经销总店一般负责一个县的品牌销售，经销总店下设若干分店，遍布全县。总

店具有全套功能，包括整车销售、旧车交易、维修、配件销售等，并负责组织该地区统一进货，分店的功能除了整车销售外还提供一些易损备件和具备简单的维修设备。在日本的售后服务市场，大型汽车整车企业往往是主力军，由他们参股投资的维修企业规模较大，服务功能主要是定点维修品牌车。除此之外，也有一些独立的售后服务企业。与大型维修企业形成互补关系的这些小型连锁店通过全国联网形成最大限度的信息互动与资源共享，巧妙地调动了小型汽修店的灵活性。

因此，以整车企业为投资方的汽车 4S 店和独立经销商经营的 4S 店是日本汽车销售服务渠道的主流，独立汽车服务企业则有效地补充了汽车销售服务市场。

## 单元二　国内汽车 4S 店现状及发展趋势

### 一、国内汽车 4S 店的现状

我国汽车 4S 店的发展相对较晚。20 世纪 90 年代以前，汽车的生产和销售主要有五种渠道，分别是联营联合经销公司、独资公司、特约经销公司、一般性经销公司和汽车生产企业自销或直销。当时的汽车市场供不应求，整车企业无须推销。但从 20 世纪 90 年代中期开始，随着汽车市场竞争越来越激烈、个人购车比例快速增大，汽车市场逐步由卖方市场转为买方市场，企业的市场销售越来越被动。长期以来由于重生产、轻流通，造成相对落后的汽车销售和服务体系与汽车产业进一步健康发展和保障广大消费者合法权益之间的矛盾也越来越突出。

1997 年年底，由中国汽车销售流通体制改革研讨会牵头，汽车整车企业开始建立一种新的营销体系，即以汽车整车企业的整车销售部门为中心，以区域管理中心为依托，以特许或特约经销商为基点，受控于整车企业的全新营销模式专卖店。1998 年起，随着"广州本田汽车特约销售服务店"、"上海通用汽车销售服务中心"和"风神汽车专营店"的逐一亮相，标志着以品牌经营为核心的汽车 4S 店模式在我国正式登陆。这些汽车品牌专卖店从外观到内部设计、从硬件投入到软件管理，以及从售前、售中到售后等一系列的服务程序都进行统一规范，这是我国汽车销售模式的一个重大变化。

### 二、国内汽车 4S 店发展趋势

国内汽车 4S 店模式发展至今，在国内一些大城市，统一标识、统一建筑风格、整洁明亮的品牌汽车 4S 店已是随处可见。可以预见，将来一些规模较小、经营不正规的销售商和服务商将会被淘汰，更多不同品牌的 4S 店将会在市场上建立起来。除此之外，各大汽车整车企业还纷纷推出售后服务品牌，突出科学严谨的管理，这是 4S 店模式的又一次提升，是国内汽车售后服务水平提高的内在支撑。因此，国内汽车 4S 店模式将在未来很长一段时间内继续扮演汽车销售和售后服务的领导角色。但是，不可否认的是，未来汽车 4S 店模式也将在某些方面发生变化，主要体现在以下几个方面。

1. 模式革新

随着 4S 店模式的发展与有限的自然资源和市场资源间的矛盾越来越突出，国内 4S 店模式建设重点将从原来的硬件统一转向软件和服务标准的统一。按此发展方向，将会出现一些新的变革方式，如"专区专设"方式，即汽车销售机构将分布在位于流动人口多的繁华区或专业汽车一条街、汽车城等地方，而汽车售后服务机构将设在一些稳定的顾客群居多的大型居民区内。4S 店的各个功能区将按照目标顾客所在地来设立一些 3S、2S 甚至 1S

网点，除了更能发挥各自在区域上的比较优势，还能从服务网点涉及面上更广、更快地提升整车企业的品牌形象。

2. 整合与重组

在经过几年的跳跃式发展后，国内汽车4S店模式已经相当泛化。很多整车企业在国内市场上一家就有几套4S店网络。特别是一些跨国集团，在各利益方的博弈下，有的是国内生产的一套、进口的一套网络；有的是甲合资整车企业一套、乙合资整车企业一套网络。而现在市场的变化已经使4S店通过独享资源、独立经营的方式赚取垄断利润的时代一去不复返。为了保持竞争优势，4S店特别是同一品牌的4S店之间必将出现横向联合的局面。4S店以共同利益为基础逐步走向战略联合，竞合互动、避免恶性竞争，共享专业化规模优势的好处在竞争与合作过程中不断得到发展。

激烈的竞争也将使兼并重组成为4S店模式的一种整合方式，一批实力弱小、经营管理不善的4S店被淘汰后，一批实力强、集团化的经销商将脱颖而出，这会在很大程度上有利于提高4S店模式的整体竞争能力。

3. 业务更加多元化

受各种资源的限制，单一的4S店不可能全部满足庞大的汽车产品"后市场"产业链的经营或服务要求，4S店与同一条价值链上的上游厂家和下游"后市场"服务商之间进行协作的纵向联合成为一种必然趋势，在此基础上建立起该品牌的价值链，如汽车用品、汽车改装、汽车救援、二手车交易、物流运输、金融服务、出租和租赁、汽车俱乐部、汽车检测、汽车认证、停车场和加油站等业务的经营和服务，从而变单点竞争为价值链竞争和专业化规模竞争。因此，业务的多元化必将是4S店今后的发展方向，特别是二手车置换和汽车金融服务会是业务拓展的重点。

## 模块二　汽车展厅销售流程

### 单元一　展厅销售沟通技巧

当顾客走进经销店的时候，绝大多数的人首先希望自己可以先看一下展厅内的汽车。大概看完了，有了明确的问题时，他会表现出若干的动作，我们称之为信号。这个信号就是代表销售顾问应该出击的发令枪。关键的一些信号：眼神，当顾客的目光聚焦的不是汽车的时候，他们是在寻找可以提供帮助的销售顾问；动作，他们拉开车门，或者要开发动机舱，或者他们要开行李箱盖等。这些都是信号，是需要销售顾问出动的信号。

以上这些行为提示销售人员可以进入接待的沟通环节，销售人员这时可以主动进入专业的咨询服务状态，为顾客提供销售服务。

**一、新顾客接待沟通技巧**

首先，陌生顾客的到来对销售人员来说，最重要的是留住顾客，解除顾客的忧虑及戒备心理。顾客刚进店的前三分钟还不是接近他们的时候，因为顾客刚进入展厅对周围感到陌生的情况下，心里因为一些不确定因素而感到不安，所以销售顾问看到顾客首先问候顾客并递交名片，如"欢迎光临，我是销售顾问×××，很高兴为您服务，这是我的名片，请问怎么称呼您？"问候让顾客感觉舒适，营造良好的谈话氛围。

其次，当销售人员开始接近潜在顾客的时候也可以寒暄，如谈天气，可以谈所在的经销商地址是否好找，可以谈刚结束的车展，还可以谈任何让顾客感觉舒服的、不那么直接的、不是以成交为导向的任何话题。例如，可以是与顾客一起来的孩子，也可以是顾客开的车，或者顾客开的车的车牌等。所有这些话题的目的就是为了初步降低顾客的戒备，逐渐缩短双方的距离，逐渐向汽车话题转换。

然后，建议先留下一些时间让顾客自己随便看看，或者留一个口信，如"您先看着，有问题我随时过来"。销售顾问需要有技巧地引导顾客进入舒适区，并通过良好的职业礼仪，如握手、递名片、言谈、仪表等方面建立良好的第一印象，塑造一个专业的职场形象。如果顾客购车愿望非常强烈，顾客会及时和专业的顾问主动联系。

销售人员通过良好的接待，可以建立顾客的信心和信赖感，有助于积极地消除顾客的戒备，以利于后续销售活动的顺利开展，引导顾客主动叙述他/她的购车需求。

---

**模拟学习**

情境一：您好！欢迎光临（鞠躬、微笑、点头示意）！准备看什么样的车？

技巧：当看到客户接近展厅入口处时，热情迎上去。此时，客户不一定会回应销售人员，更多地会朝样车所在的方向走去。

随便看看（径自走向样车旁边）。

说明：表明客户还没有明确的购车目标，此时不要过早地打扰客户，以免让他们产生压力而迅速离开。

情境二：先生（小姐、太太），您好！需要我帮忙吗？

技巧：如果客户没有提出介绍汽车产品的要求，应不要过多地干扰客户，此时所面对的客户较多是还没有明确购车目标的。如果发现客户在样车旁边驻足时间较长，或者伸手去拉车门把手，销售人员应及时给予回应。此时，可以视客户的要求进行下一步的销售行动。

---

小技巧之一：心理学认为赞美可以缩短人与人之间的距离，因此，销售人员通过对客户的赞美可以拉近与他们之间的距离。举例来说，销售人员可以这样表达："您真有眼光，凡是来我们展厅的朋友首先都会被这款车吸引，这也是我们这里卖得最好的一款车。"

小技巧之二：在进入产品展示之前，销售人员一定要注意弄清楚客户的关注点及他们要求介绍产品的真实意图——是想了解产品还是想寻求某种答案，以便展开有的放矢的介绍。由于客户的目的不同，介绍的方式与"对话"内容也有很大的差异。

销售人员可以这样表达："这款车有十大卖点和五大优势，如果要一一介绍的话，可能会占用您很多时间。能否请教一下，当您准备拥有一部车时，您会最先关注哪一点？"

这样顾客就可以提出自己的看法，销售人员据此可以判断顾客的需求、顾客购车的财务预算及用途等。

　　实践当中，销售人员遇到的情况千差万别，在书中不能尽数，掌握基本的成功原则至关重要，因此，销售人员应谨记：客户初次来到展厅，最重要的是让他们适应这里的环境，借机寻求销售的机会。

　　**二、老顾客沟通技巧**

　　当看到客户再次回到展厅时，销售人员除了迅速到展厅入口处接待，还要叫得出客户的姓与职务，与客户握手，表示出热情，拉近双方的距离。接待老顾客，销售人员成功销售的概率更高，因此在和老顾客接触时的沟通技巧尤为重要。

　　首先，对再次上门的老顾客，销售人员可以再次试探客户的需求和购车欲望的强度。例如："您好！李先生，欢迎再次光临（握手、微笑）！这几天我们几位同事都在谈到您，说好几天没有见到您了。""今天准备再了解哪一款车呢？"

　　其次，通过施加压力，让客户产生如果不尽快做决定，那么他们相中的车将会出现无车可提的后果，或者让顾客对该车的销售情况产生信心。在给客户进一步施压时一定要注意，如果展厅内的客人很少，甚至有空荡荡的感觉，那么这样的话就会让客户感觉是在说假话。如果展厅内客人很多，销售人员跑来跑去，这样表达的效果就会大大增强。

　　"李先生，这几天我一直想打电话给您。您上次看中的那款车自上市以来一直热销。这不，昨天刚到了5辆车，今天一大早就提走了2辆，下午还有2辆要现货。我担心要是您来迟了没车交付，我还真对不住朋友呢。"通过"朋友"这个词汇强调与客户间的关系，以利于后续的销售。

　　"还真没想到，这几天买车的人会那么多，还真有点招架不住了。怎么样，您最后定了哪个价位的？"

　　再次，善用技巧性咨询。技巧性的"询问"是导入销售整体最佳的方法之一，也是高水平"对话"能力的一个重要表现，它会使"沟通"更容易，让销售人员更快地步入汽车销售的佳境。

　　例如："还没定！还有些问题没有弄清楚。"

　　说明：只要客户说出这样的话，销售机会就来了。

　　"是哪些问题让您下不了决心呢？"

　　技巧：诱导客户说出他们的难处、担心和问题。

　　"主要是……"

　　说明：在客户表述他们的问题时，销售人员一定要用小本子记下来，等他们把问题和盘托出后，就可以进行下一步销售了。

　　"先生，我还以为是什么大问题呢！您担心的这些都不是问题，您看……。我说的没错吧！还犹豫什么？"

　　技巧：先表明这些都不应该是影响客户购车的因素，然后把客户提出的问题一个个地抽丝剥茧，同时不断地向客户求证疑虑是否已经消除。如果消除，接下来就可以要求成交了。

　　最后，销售人员应理解顾客在购车过程当中的矛盾心理，毕竟买车对大多数家庭而言都是一笔重要的支出，因此，顾客的任何疑虑都是符合情理的，销售人员把客户当朋友，把购车当作帮他们解决问题的过程，并且站在顾客的角度思考问题，这样他们才会愿意把钱投在你这里。一个优秀的销售人员，一定把顾客的问题当作自己的问题在思考。

### 三、做好来店顾客资料收集工作

无论顾客最后有没有最终购买，收集顾客资料都是展厅接待的重要工作，这项工作不仅是顾客对产品满意度的统计，也是品牌知名度重要的信息来源，因此，店内的资料收集整理工作应详细并科学，见表5-1。

表5-1　展厅来电顾客登记表

| 日期 | 时间 | 姓名 | 联系方式 | 现有车型 | 意向车型 | 商谈情况<br>（购车/试乘/其他） | H. A. B. C.<br>级别 | 登记人 |
|------|------|------|----------|----------|----------|------------------|---------------|--------|
|  |  |  |  |  |  |  |  |  |
|  |  |  |  |  |  |  |  |  |
|  |  |  |  |  |  |  |  |  |
|  |  |  |  |  |  |  |  |  |
|  |  |  |  |  |  |  |  |  |

## 单元二　展厅销售流程

### 一、展厅接待

接待的目标是与顾客建立融洽的关系与初步的信任，引导顾客进入销售流程。接待流程可以分为四个部分：初次接待、有效展示、促单签约、送走客户。展厅顾客可以分为新顾客，即初次进入店内了解情况的顾客；老顾客，即以前有过接触及购买过的顾客。接待不同的顾客，在销售技巧方面也应有所区别。

### 二、需求分析

潜在顾客分析指的是销售人员为了将自己的产品顺利地推销到消费者的手中，在进行推销之前对顾客的消费心理、消费方式、消费习惯、消费需求的分析，其实质也就是进行推销之前的可行性分析，最终挖掘自己的潜在顾客。一个销售员必须把握好潜在顾客的消费行为和消费需求，并在需求层面上与顾客达成一致意见。同绝大多数的人一样，顾客在沟通过程中，一定会通过他们的提问、行为举止和议论流露出他们的思想、观点，以及他们认为具备什么要素才是符合他们所需要车的标准。所以，销售人员可以通过适当的提问、聆听、积极回应来进行需求分析和判断。在需求分析时，是否问了足够多的问题？是否问了恰当的问题？是否主动地聆听？是否对接收的信息做出了积极的回应？清楚了顾客所要表达的意思？最终是否已经完全地了解顾客的需求、愿望和购买动机？具体见表5-2。

表5-2　展厅来店顾客登记表

一、基本资料

| 姓名 |  | 单位名称 |  |
|------|------|----------|------|
| 联络电话 |  | 手机 |  |
| 联系地址 |  | 邮编 |  |
| 电子邮箱 |  | 现用车型 |  |

（续）

| 二、问卷调查 |
| --- |
| 1. 您购车的主要用途是什么？ |
| □私人用车　□公务　□营运　□旅游　□其他 |
| 2. 您主要想了解哪一种车型？ |
| □车型1　□车型2　□车型3　□车型4　□车型5　□其他 |
| 3. 您购车主要考虑哪些因素？请依重要性从"1"填至"5"。 |
| □品牌　□安全　□性能　□舒适性　□外观　□配置　□价格　□服务　□经济性 |
| 4. 您是通过何种渠道了解我们产品的？ |
| □报纸　□杂志　□电视　□车站　□网络　□亲友/同事　□其他 |
| 5. 您从何种渠道得知本经销商？ |
| □报纸　□杂志　□户外广告　□朋友介绍　□其他 |
| 6. 您是否还准备购买其他车型？ |
| □否　　　　□是 |

| 销售顾问 | | 日期 | |
| --- | --- | --- | --- |

### 三、产品介绍

在这个步骤中，销售人员要掌握产品特性、优点、特殊利益，将特性转换为顾客利益的技巧，以及产品说明的步骤和技巧。首先，销售人员在绕车介绍时采用以顾客为中心的方式热情地向顾客展示适合顾客需求的产品，重点强调产品给顾客带来的利益。通过绕车介绍将产品的优势与顾客的需求相结合，在产品层面上建立顾客的信心，让顾客产生想拥有的欲望；同时也展示经销店及销售顾问的专业性，建立顾客的信任感；通过产品介绍与竞争产品比较，也凸显本品牌汽车的优势和顾客利益，使顾客确信该汽车产品与服务物有所值，为报价说明做准备。

产品介绍是对所有在需求分析阶段获取的信息的总结，通常在需求分析阶段之后进行。产品介绍是以有没有取得顾客的信任、是否了解顾客的需求来判断是否是恰当的产品介绍时机。一般以6方位介绍汽车产品。6方位介绍顺序：正前方、右侧副驾驶座位、后座、正后方、驾驶室、发动机室。一般从最能满足顾客需求的配置开始或正前方开始介绍，并补充那些可能对顾客有益处的特点。销售人员在绕车介绍过程中应积极寻求顾客的认同，同时鼓励顾客多提问，多动手，通过冲击式的介绍把产品的特性及顾客的需求结合在一起，让顾客明确产品和服务能为他们带来的切身利益，让顾客觉得产品超过他们的期望值。

### 四、产品演示

试乘试驾可以使顾客对车子有更多的真实体会，这是顾客获得有关车的第一手材料的最好机会。在试车过程中，销售人员应让顾客集中精神对车进行体验，销售人员应针对顾客的需求和购买动机进行解释说明，以建立顾客的信任。只凭口头介绍，还不足以让顾客有更深刻的印象，亲自驾驶后感受就会完全不同。试乘试驾又增加了销售人员对顾客顾问式销售的机会。试乘试驾让顾客能通过各种感官切身体会，动态且感性地了解车辆有关信息，同时强化顾客接待工作，获取更多的顾客资料与信息，以利于销售活动的开展。顾客在试乘试驾后，其购买冲动被激发，这为报价说明和签约成交做好准备。

在试乘试驾前，经销店应准备专门的试乘试驾用车，尤其在新车上市期间。试乘试驾车应经过美容，保持整洁，另外建议试乘试驾车应由专人管理，保证每次试乘试驾时车况都处在最佳状态；试乘试驾车的证照、保险应齐全。试乘试驾路线按车型事先设定，并制成路线图，路线规划应避开交通拥挤路段，并能充分展示车辆性能与特色；为保证人员与车辆安全，试乘试驾应严格遵守路线图。在试乘试驾时，销售人员必须进行动态的商品说明，凸显汽车商品优势；另外，全程确保车上人员系好安全带，保证安全，同时确认顾客有足够时间来体验车辆性能。销售人员在试乘试驾后引导顾客回展厅，总结试乘试驾经验，适时询问顾客的购买意见。

## 五、报价成交

通过上述工作的铺垫逐步将顾客引导到报价阶段。在说明商品价格时销售人员应该清楚解释销售方案的所有细节，耐心回答顾客的问题。在报价前，再次总结顾客选定的车型的主要配备及顾客利益；准确地计算并说明商品价格，明确说明顾客应付的款项与所有费用及税金，若顾客需要代办保险，准确地计算并说明相关费用。报价完毕后，销售人员应择重点强调顾客选定汽车给顾客生活或工作带来的正面变化。顾客签约成交时准确填写合同中的相关资料，协助顾客确认所有细节；在此过程中，建议销售人员暂时不接电话，谢绝外界一切干扰，表示对顾客的尊重；签约后，详细说明车辆购置程序及费用并恭喜顾客做出了正确的选择，并承诺提供完善的售后服务，适当强调该车给顾客带来的实际利益与好处。通过全面详细的报价说明，增加价格的透明度，建立顾客的信任感与品牌形象，同时也体现销售人员服务的专业性。

若顾客决定暂不签约成交，销售人员应具体分析其原因，不厌其烦地给顾客做解释；以正面的态度积极跟踪，保持联系。若顾客最终选择其他品牌，则明确原因并记录在案。

## 六、交车

销售人员必须重视向顾客交车的这个环节。对大多数顾客来说，交车步骤是顾客感到兴奋的时刻，车辆的移交是值得纪念的经历，如果顾客有愉快的交车体验，会给顾客留下深刻的印象，那么就为长期关系奠定了积极的基础。在这一步骤中，按约定的日期和时间交付洁净、无缺陷的车是销售人员为顾客服务的宗旨和目标，这会使顾客满意并加强他对经销商的信任感。

那么顾客对交车有哪些期望？如何让他留下深刻印象？如何超越顾客的期望值？对顾客来说，他期望交到他手上的车是没有纰漏的，销售顾问能够兑现在业务磋商过程中的承诺且有一些良好的建议；如果能够与众不同那当然就更好了。

在交车前，销售人员应通知顾客具体的日期及交车时间，并在交车前通过 PDI 检查尽量保持车况的完美；熟悉车子的各项功能，不管顾客对汽车的了解程度如何，交车时向顾客介绍汽车的各项功能是必不可少的；熟悉各项手续，在交车前各种文件应准备妥当，尽量让顾客来只需要确认和签字；提前通知各部门人员，如售后服务部门人员、保险人员等；通过事前充分的准备保证交车的顺利进行。

在交车时检查车辆与附件直到顾客满意，并解释说明车辆操作及使用过程中的一些注意事项，如提醒顾客油箱中的油能跑多远，顾客如在外地不要忘记中间加油，避免中间抛锚加不上油。带顾客参观售后服务部门，由服务人员向顾客全面介绍有关保养及保修等服务项目，希望他能来参加店里定期为他们组织的汽车养护讲座等。另外，销售人员填写顾客信息表并告知顾客将在交车后持续跟踪服务，并把顾客介绍给销售经理，希望顾客多提意见并希望顾客引见其他顾客购车。

交车时建议经销商设立专门的交车区，室内为好，并布置与该车相适应的氛围，或者与车主风格兴趣、爱好相接近的布置。在交车前有专门的交车告示牌。告示牌要肯下功夫，最好显得档次高一点，让顾客感觉到经销商对他的重视和尊重。

有些品牌在交车时经销商与顾客及顾客同来的人一起合影，参加人不仅有销售顾问，同时也一定会有服务顾问，便于下次来店保养、维修车知道找谁。之后，销售人员把相片用精美相框装饰好送给顾客，因为顾客会将精美的相框放到经常能看到的地方，烙印会更深。通常交车后，经销商还会赠送可以随身携带的纪念品，纪念品通常附有经销店的热线，当车子有故障，在第一时间使顾客便于同经销店人员沟通。

**模块三　　　　　展　厅　管　理**

展厅管理是销售部门的重要工作职责，展厅管理也是为了提高顾客满意度，为顾客营造一个温馨、舒适的购车环境，并提高销售部门员工的专业形象，赢得顾客的信赖。展厅日常管理规范分为三个部分，分别为展厅环境管理、展车规范管理及销售人员形象管理。

## 单元一　展厅环境管理

规范的4S店展厅包括汽车展区、前厅接待区、儿童游乐区、业务洽谈区等功能区，不同的区域有着不同的功能。汽车展区应体现汽车品牌形象和企业文化，在展厅设计上和管理上应体现汽车品牌的价值，吸引顾客的眼球；前厅接待和儿童游乐区是为了给顾客提供良好的服务水平和购物体验，因此，应以舒适专业为主；业务洽谈区是汽车销售成交的区域，因此只有专业规范，才能让顾客获得超越自身期望的价值。以下规范借鉴了国内主要品牌的5S管理规范，具体规范要求如下。

**一、展区整体要求**

（1）展厅内、外墙面，玻璃墙等保持干净整洁，应定期（1次/半年）进行清洁。

（2）相关标识的使用应符合各品牌汽车公司有关品牌视觉识别要求。

（3）按各品牌汽车公司的要求悬挂标准的销售服务店营业时间示意牌。

（4）展厅的地面、墙面、展台、灯具、空调器、视听设备等保持干净整洁，墙面无乱贴的广告海报等。

（5）展厅内摆设有斜立展示牌，斜立展示牌上整齐放满与展示车辆相对应的各种车型目录。

（6）展厅内保持适宜、舒适的温度，依照标准保持在25℃左右；

（7）展厅内的照明要求明亮，令顾客感觉舒适，依照标准照度在800lx左右。

（8）展厅内应有隐蔽式音响系统，在营业期间播放舒缓、优雅的轻音乐。

（9）展厅内所有布置物应使用各品牌汽车公司提供的标准布置物或按各品牌汽车公司标准做的布置物。

**小知识**

CI 是英文 Corporate Identity（字面意思"企业识别"）的缩写。CI 系统由理念识别（Mind Identity，简称 MI）、行为识别（Behavior Identity，简称 BI）和视觉识别（Visual Identity，简称 VI）三方面所构成。

### 二、车辆展示区要求

（1）每辆展车附近的规定位置（位于展车驾驶位的右前方）设有汽车车型说明架，汽车车型说明架上摆有与该展车车型一致的汽车说明书。

（2）展车之间相对的空间位置和距离、展示面积等参照《展示布置规范示意图》设计。

（3）其他项目参照《展车规范要求》及《各品牌汽车公司销售服务店设计准则》中的《展车布置规范示意图》执行。

### 三、业务洽谈区规范要求

（1）业务洽谈区沙发、茶几等摆放整齐并保持清洁。

（2）业务洽谈区桌面上备有烟灰缸，烟灰缸内若有 3 个以上（含 3 个）烟蒂，应立即清理；每次在客人走后应立即把用过的烟灰缸清理干净。

（3）业务洽谈区设有杂志架，摆设相关车型的宣传资料。

（4）业务洽谈区需摆放绿色植物盆栽，以保持生机盎然的氛围。

（5）业务洽谈区配备有大屏幕彩色电视机、影碟机等视听设备，在营业时间内可播放各品牌汽车公司广告宣传片或专题片。

### 四、顾客接待区规范要求

（1）顾客接待台保持干净整洁，台面上不可放任何杂物，各种文件、名片、资料等整齐有序地摆放在台面下，不许放置与工作无关的报纸、杂志等杂物。

（2）顾客接待台处的电话、计算机等设备保持良好的可使用状态。

（3）禁止在顾客接待区阅读书刊报纸、聊天、喝水、吃零食、嬉戏打闹、吸烟、玩手机游戏和打电话。

### 五、儿童游乐区

（1）儿童游乐区有专人负责儿童活动时的看护工作（建议为女性），不宜离楼梯、展车、电视、斜立展示牌、汽车车型说明架等距离太近，但能使展厅内的顾客看到儿童的活动情况。

（2）儿童游乐区要能够保证儿童的安全，所用的儿童玩具应符合国家有关的安全标准要求，应由相对柔软的材料制作而成，不许采用坚硬锐利的物品作为儿童玩具。

（3）儿童游乐区的玩具具有一定的新意，色调丰富，保证玩具对儿童有一定的吸引力。

## 单元二 展车规范管理

展车最大限度地体现了自身品牌的意义和文化体验，因此在展车区域应体现展车的特点和优势，并且保持干净整洁，体现对顾客的尊重。

## 一、车身和车外部分

（1）展车车身经过清洗、打蜡处理，保持清洁，风窗玻璃和车窗玻璃保持明亮。

（2）展车四个轮胎下方放置标准的车轮垫板，位置正确，图标正立。

（3）轮胎经过清洗、上光；展厅内的展示车辆轮辋盖上的品牌标志保持水平，各轮胎内侧护板要刷洗干净，没污渍。

（4）车前方与后方安装牌照处必须配备标准的车铭牌。除特殊要求外，展车的车门要保持不被上锁的状态，可供顾客随时进入车内。

（5）展车左右对应车窗玻璃升降的高度保持一致。

（6）车身上不许摆放价格板、车型说明、宣传资料等其他非装饰性物品。

## 二、车内部分

（1）汽车发动机室可见部分、可触及部位等经过清洗，擦拭干净；风窗玻璃与其下沿塑料件结合部位应无灰尘。

（2）行李舱应保持干燥洁净，工具、使用手册等物品摆放整齐，无其他杂物。

（3）汽车油箱内备有一定的汽油（不少于5L），确保汽车可随时发动。

（4）车厢内部保持清洁，应去除座椅、遮阳板、转向盘、天窗、门把手（包括尾灯）等部件上的塑料保护套。

（5）中央扶手箱、副驾驶位的杂物箱，以及车门内侧杂物箱和前座椅靠背后的物品袋内均不能存放任何杂物。

（6）前排座椅在前后方向上移至适当的位置（保证普通驾乘者较方便驾驶），并且两座椅靠背向后的倾角保持一致。

（7）车内后视镜和车外左、右后视镜配合驾驶位相应地调至合适的位置，并擦拭干净，不留手印等污迹。

（8）各座椅上的安全带摆放整齐一致。

（9）车内CD机的机盒中应装有CD试音碟或DVD，可供随时播放，收音机预设有已调好的收音频道（调至调频立体声音乐台或当地交通台）。

（10）车内的时钟调至准确的时间。

（11）车内要进行异味处理，并可以在车内放置香水或其他装饰物，营造气氛。

（12）车内地板上铺有脚踏垫，并保持干净整齐。

（13）车厢内不许有价格板、CD碟片、车型说明、报纸、杂志等其他物品。

（14）所有电器开关应置于关（OFF）的位置。

---

**小知识**

### 5S 管理规范

整理、整顿、清理、清洁、修身，这是日本企业一种独特的管理办法。因为这5个词日语中罗马拼音的第一个字母都是"S"，所以简称为"5S"。

### 三、销售人员形象管理

展厅销售人员是汽车公司的形象和文化的标志，汽车销售人员自身的形象可以左右顾客的购买意向。因此，作为专业的汽车销售公司，应在销售人员的外在形象和销售行为规范方面进行专业的管理。

**1. 形象规范要求**

销售人员的着装应为标准的职业装。

（1）男士着装以深色西装/浅色衬衫为主；女士着装夏天以裙装为主，冬天以女士西装为主，以显得大方稳重。

（2）在工作时间应着皮鞋，女士的鞋跟不宜过高。

（3）销售人员应佩戴公司的工作牌（附照片），随身携带标准的名片。

（4）销售人员在接待中保持良好的形象与情绪，以愉悦的心情与顾客进行交流。

（5）头发保持干净、整洁，给人以清爽感，不宜留奇特、少见的发型。

（6）女士上班时间不要浓妆艳抹，应以淡妆为主。

**2. 行为规范要求**

（1）销售人员应随身携带笔和记录本，便于记录顾客的信息。

（2）销售人员举止应大方自然、彬彬有礼，与顾客的言谈要适合顾客的性格、个性。

（3）销售人员站姿要端正，不允许身子斜靠在接待台。

（4）销售电话要在铃声响3声内接听，销售人员应说："您好！这是××汽车4S店，我是销售员××。"

（5）销售人员应避免长时间使用公司电话打私人电话，以免影响顾客使用。

（6）销售人员在没有接待顾客时，应站在距离门口2~5m的位置，当顾客进门时，要微笑致意："您好！欢迎光临××汽车4S店。"在送别客人时，要说："请慢走，欢迎下次光临"。

> **小贴士**
>
> 某销售人员第一次去拜访客户，到了客户的公司以后，他意外地发现另外一家汽车公司的销售人员也在那里，而且比他先到。这位销售人员是急忙赶过去的，脸上带着汗水，领带还有点歪。那位客户出来以后，将另外一家公司的销售人员请进去了，而这位销售人员因为仪表的问题，客户不愿接待。那位客户对他的秘书说:"你把他的汽车资料留下来就行，让他先回去吧。"这位销售人员就是失败在仪表方面。所以，端庄的仪表在销售人员拜访客户的时候非常重要。

看似简单的展厅管理规范，其实在日常管理中经常被疏忽和忽视。汽车展厅的专业形象和销售顾问的专业形象能够很好地得到顾客的认同并形成信任，能够提高公司的销售业绩。因此，销售管理人员应根据本品牌的形象，对展厅和销售人员进行规范管理和培训。

## 【章末阅读】

### 4S 店多品牌经营时代来临

自 2014 年 10 月 1 日起，国家工商总局停止实施汽车总经销商和汽车品牌授权经销商备案工作，该政策开启了单个 4S 店能销售多品牌汽车的新模式，意味着 4S 店垄断进口车的局面被彻底打破，进口豪车价格有望下降。

《汽车品牌销售管理实施办法》规定，境外汽车生产企业于境内销售汽车，必须授权内地企业或在内地设立企业负责销售，售卖平行进口车（即"水货车"）是不被允许的。但 10 月 1 日起，国家工商总局停止实施汽车总经销商和汽车品牌授权经销商的相关备案工作，即经销商垄断进口车的局面被打破。这意味着"水货车"车商将获得合法身份，与 4S 经销商共同竞争。

"按照现有汽车品牌授权经销商备案制，进口汽车只能由国外品牌厂商自己，或者由他们授权的经销商，也就是 4S 店来卖，而'平行进口车'则是车商绕过总代理商直接在国内销售从国外原产地进口的车。"一位有着多年汽车代理销售经验的 4S 店相关负责人说，平行进口车通俗点说就是我们日常所说的"水货"。

据了解，目前上海、北京等地已有"平行进口车"的销售专区，并且开始着手解决售后三包服务、3C 认证等一系列问题。"今后 4S 店可以扩大经营范围，如代理多个品牌，可以在一个店里看到多个品牌的汽车。"一位有着多年汽车代理销售经验的 4S 店相关负责人认为，4S 店对某个品牌汽车厂商的依赖关系被打破后，汽车厂商对 4S 店经营的管束也就没有了，4S 店可以根据市场行情调整进货品牌及数量，厂商对汽车的定价也将跟随市场调整变化，不再出现垄断定价行为。

（资料来源：陈望，南海网，2014 年 10 月 9 日，有删减）

# 第二部分　项目实施

## 环节一　情景引入

### 汽车 4S 店销售流程体验

××汽车销售展厅，销售经理张先生正在接待到店观摩学习的××大学汽车营销专业的学生，向同学们讲解汽车销售流程，让学生亲身领会展厅接待的各个流程（准备、接待、需求分析、展厅汽车介绍 6 方位法、成交等），具体如图 5-1 所示。

讲解内容：

1. 介绍 6 方位法（图 5-2），并告知学生将实施角色扮演。

2. 根据冲击式进行 6 方位介绍。冲击式介绍（FBI），F：Feature 特性、功能；B：

Benefit 利益、好处；I: Impact 冲击（个人切身的利益）。

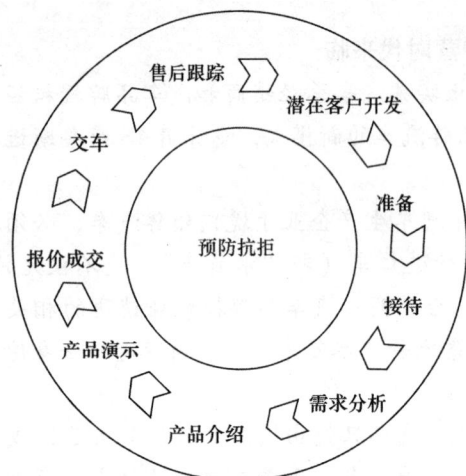

图 5-1　展厅接待流程

图 5-2　6 方位介绍

## 环节二　任务设计

任务一：仔细阅读《4S 店多品牌经营时代来临》一文，查阅相关资料，分析新的销售管理办法对汽车销售参与各方利益格局的影响，2000 字。

任务二：结合情景引入内容总结接待流程和各个关键时刻的注意事项。

任务三：角色扮演，各小组选举出一位"销售经理""销售顾问""顾客"，其他两人为接待台员工，模拟展厅销售环节主要流程。具体要求：第一，整个接待过程控制在8min；第二，按照规范的接待流程来操作。

任务四：模拟来电询问，销售电话接听，总结销售话术并制作成 PPT 展示。

## 环节三　项目考核（表 5-3）

表 5-3　项目考核

| 考核类别 | | 考核指标 | 考核等级 | | | |
|---|---|---|---|---|---|---|
| 过程考核 | 通用技能 | 交际表达，团队合作 | □及格 | □中等 | □良好 | □优秀 |
| | | 数据分析，市场敏感 | □及格 | □中等 | □良好 | □优秀 |
| | | 创新能力，数据收集 | □及格 | □中等 | □良好 | □优秀 |
| | 专业技能 | 产业趋势，市场预测 | □及格 | □中等 | □良好 | □优秀 |
| | | 顾客管理，工具应用 | □及格 | □中等 | □良好 | □优秀 |
| | | 竞争分析，创新策略 | □及格 | □中等 | □良好 | □优秀 |
| 结果考核 | 分析报告 | 专业用语，文笔流畅 | □及格 | □中等 | □良好 | □优秀 |
| | | 市场把握，分析透彻 | □及格 | □中等 | □良好 | □优秀 |
| | | 逻辑缜密，结构完整 | □及格 | □中等 | □良好 | □优秀 |
| | PPT 制作 | 构图雅致，层次感强 | □及格 | □中等 | □良好 | □优秀 |
| | | 文字凝练，重点突出 | □及格 | □中等 | □良好 | □优秀 |
| | | 图文得当，画面清晰 | □及格 | □中等 | □良好 | □优秀 |

## 环节四　任务评价

1. 各组汇报参观汽车展厅的心得体会。
2. 各组汇报模拟销售环节完成得较好和有待改进的部分。
3. 互评各组发言人的个人及团队表现。
4. 教师总结、评分。

## 环节五　课后作业

联系任意一家4S店，谋求销售实习岗位，利用星期六和星期日实习，进行为期4周，共计8天的销售实战学习。

# 项目六

## 二手车销售实务

● **知识目标**

掌握  二手车鉴定评估  二手车估值方法  二手车市场管理  二手车相关法规
二手车贸易问题

● **能力目标**

能够  鉴定二手车车况  评估二手车价值  熟悉二手车管理  知晓二手车法规
运作二手车贸易

● **素质目标**

具备  口头表达能力  团队协作精神  创新能力  严谨工作态度  持续学习能力

## 【开篇阅读】

### 鉴定评估规范发布　二手车买卖将有秤可量

二手车的评估混乱一直阻碍着二手车市场的健康发展，质量好坏只有卖家的一方说辞，买家往往以怀疑的态度去审视每一辆车是否"内藏玄机"。但是，由于越来越多的城市加入限购的行列，给二手车市场的发展带来了机会。如今，首个《二手车鉴定评估技术规范》的出台，这为二手车买卖提供一杆"秤"。二手车信息透明化是市场所需，国家质检总局、国家标准委正式发布了《二手车鉴定评估技术规范》（以下简称"规范"），并在2014年6月1日正式实施，这标志着首个国家级二手车行业规范标准正式出台。

近几年，随着国家政策的影响和消费理念的进步，国内二手车市场呈现高速发展态势。据中国汽车流通协会统计，2013年全年二手车交易量达520万辆，首次突破500万辆关口。

但与此同时，二手车市场仍处于一个初级发展阶段，还存在一些短板，如车况信息透明化问题、二手车定价问题和二手车售后服务保障等问题。中国汽车流通协会的沈荣表示，新出台的规范将二手车市场长期以来存在的标准短缺和无序问题在一定程度上进行规范管理和修正，从根本上解决二手车信息不透明、车况信息不公开问题，使经营者和消费者之间达到一个信息掌握的平等。

实际上，由于多年来二手车鉴订标准的缺失，国内消费者对购买二手车一直心有余悸。以北京市场为例，在目前摇号政策下，有的消费者暂时没有购车需求但是意外中签，为保住车牌会选择买辆低价车。即使在这种情况下，在二手车和新车面前，大家也会选择买新车。目前，手中指标马上到期的王女士就告诉笔者："实际上，家里现在有车，但是意外中签放弃也不好，所以想买辆便宜车。"当笔者提议她买辆二手车时，她说："算了，也不知道车到底有没有出过什么事故，开着心里也不安心，还是买辆便宜点的新车。"

沈荣表示："二手车市场的诚信经营和合理报价，要帮助消费者把对二手车的消费热情转化为他们的实际行动，并要为他们的消费行为保驾护航。"

（资料来源：王慧洁，北京参考，2014年1月16日，有删减）

## 第一部分　知识模块

我国已成为汽车生产和消费第一的国家，二手车也将进入交易量最大的时期。随之而来的，二手车销售和管理问题也日益凸显。随着首部《二手车鉴定评估技术规范》的出台，对于市场本身来说是一件好事，有利于二手汽车市场的健康发展，促使更多的消费者参与到二手车买卖中。国内大部分二手车经销商均表示，此规范不仅有利于消费者消费二手车，也有利于二手车市场的长期发展。

此规范是我国二手车行业中车辆评估规范的首个国家标准，符合二手车产业健康发展的意愿，对行业有很好的引领和规范作用。从行业发展角度看，诚信体系建设对其有极大的促进作用，它将给行业发展带来信心，同时也提升消费者购买二手车的信心。中国汽车流通协会副秘书长沈荣表示，虽然现在规范的出台不能完全解决所有的问题，但二手车市场健康发展需要规范。贯彻、推广及执行该规范，成了中国汽车流通协会的主要工作任务之一。由此可见，二手车市场规范的重要性。

## 模块一　　二手车的鉴定与评估

二手车的鉴定和评估对于企业和顾客来说都是一项非常重要的工作和流程。通过二手车的鉴定和评估工作，能够为顾客和企业提供公平合理的交易，但是二手车市场也面临着人才的缺乏。目前，我国二手车鉴定评估人才不能完全满足市场的需求，该项人才教育素质也有待提高。随着二手车市场的繁荣和快速增长，二手车的鉴定和评估师将成为市场紧缺人才。

### 单元一　二手车鉴定与评估的含义和特点

#### 一、二手车鉴定与评估的含义

二手车鉴定与评估既是科学也是艺术与经验的结合。正确的二手车技术状况鉴定、价格评估、推断与推测，必须依赖一套科学严谨的鉴定评估理论和方法。

二手车鉴定评估不是对评估对象的主观给定，而是把二手车客观实在的价值通过评估活动正确反映出来。二手车鉴定评估不是把一个主观想象的数据强加给评估对象，而是运用科学的评估理论、方法和长期积累的经验将事实表达出来。

> **小知识**
>
> **二手车交易市场**
>
> 现代二手车交易市场的功能主要包括二手车鉴定评估、收购、销售、寄售、代购代销、租赁、置换、拍卖、检测维修、配件供应、美容装饰、售后服务，以及为客户提供过户、转籍、上牌、保险等服务。该市场是机动车产品二次流动的场所。

#### 二、二手车鉴定与评估的特点

1. 其单位价值大、使用时间长

受汽车产品本身的特点限制，不同汽车品牌和汽车类型的价格差异较大。有的汽车动辄几十万，甚至高达数百万，单位价值较其他商品大。汽车本身属于经常使用的产品，因此使用时间也较长，而且难以评估。

2. 有权属登记，其使用管理严格，税费附加值较高

产品购买时在大多数国家都要进行登记，出于国家管理的需要，增加了管理的成本，

也因此增加了产品的税费。

3. 其使用强度、使用条件、维护保养水平差异较大，有较高的技术含量

由于汽车驾驶人不同，造成汽车在使用过程中会出现不同程度的损耗，再加之保养的差异，导致汽车评估价值有较大差异。

## 单元二　二手车鉴定与评估的程序和估值

### 一、二手车鉴定与评估的程序

二手车的鉴定和评估是一项技术水平非常高的工作，即使是高级技术评估人员，也必须借助大量的专业设备和工具来进行检测。因此，二手车销售公司应该就二手车的鉴定和评估制订严格的操作程序。

**1. 接待客户，明确评估业务的基本事项**

了解顾客是鉴定评估的第一步，可以通过和顾客交流了解顾客的驾驶行为和习惯，进一步了解汽车的基本车况。了解委托方及其车辆的基本情况，明确委托方要求，签署二手车鉴定评估委托书。

**2. 验明车辆的合法性**

汽车商品的特殊性导致我国汽车的来源较为复杂。作为评估方，基础的工作就是了解汽车的来源。一般判定汽车来源是否合法有以下几个检查项目，按照表 6-1 所列项目核对机动车等级证书、行驶证等法定证明、凭证与车辆信息。判断是否可以交易，不符合的不予受理。

表 6-1　机动车检查项目

| 检查项目 | 判　别 | |
| --- | --- | --- |
| 是否通过年检 | L 是 | N 否 |
| 是否达到国家强制报废标准 | L 是 | N 否 |
| 是否为抵押期间或海关监管期间 | L 是 | N 否 |
| 外观及车身颜色与行驶证是否一致 | L 是 | N 否 |
| 是否为行政执法部门依法查封、扣押期间 | L 是 | N 否 |
| 是否盗抢、诈骗等涉案车辆 | L 是 | N 否 |
| 是否为右置转向盘车辆 | L 是 | N 否 |
| 发动机号与行驶证是否一致且无拓改痕迹 | L 是 | N 否 |
| 车辆识别代号与行驶证是否一致且无拓改痕迹 | L 是 | N 否 |
| 是否为法律法规禁止流通的车辆 | L 是 | N 否 |

**3. 签署二手车鉴定评估业务的委托书，登记车辆信息**

登记车辆使用性质信息，明确营运与非营运车辆；登记车辆基本情况信息，包括车辆类别、名称、型号、生产厂家、初次登记日期、表征行驶里程等。如果表征行驶里程与实际车况明显不符，应在"二手车鉴定评估报告"或"二手车技术状况表"上进行技术缺陷描述时予以注明。

**4. 拟订评估计划**

在二手车的评估环节中，二手车评估人员应制订详细的评估计划。该计划应包括评估

人员的选择、评估工具和方法的选择、具体评估时间计划和意外情况处理方式等。

5. 二手车的技术鉴定

二手车本身的技术鉴定是专业的工作，也是最为重要的工作，直接关系到最后交易的公平，作为评估方，应组织专业技术人员严格进行检查。检查内容包括按照车身、发动机舱、驾驶舱、起动、底盘、路试的顺序检查车辆技术状况。据检查结果确定车辆技术状况的分值。总分值为各个鉴定项目分值累加，总分100分。根据表6-2确定分值对应的车辆技术等级。其中，事故级别评定和综合评分标准依据国家质检总局、国家标准委2013年12月31日正式发布，并于2014年6月1日起实行的《二手车鉴定评估技术规范》执行，最后填写"二手车鉴定评估报告"。技术鉴定等级评定标准见表6-2。

**表6-2　技术鉴定等级评定标准**

| 技 术 等 级 | 分　　值 | 描　　述 |
|---|---|---|
| 一级 | 鉴定总分≥90分 | 简单清洁，无须维修 |
| 二级 | 90分＞鉴定总分≥60分 | 简单修理 |
| 三级 | 60分＞鉴定总分≥20分 | 一般维修，需更换低值零部件 |
| 四级 | 鉴定总分＜20分 | 需要中等维修 |
| 五级 | 事故车 | 影响车辆安全，维修成本高 |

6. 价值评定估算

对于以二手车交易、经销、拍卖置换等为目的的评估活动，推荐选用现行市价法；其他评估按照评估目的及委托人要求确定。

7. 撰写和提交鉴定评估的报告

最后，对所有工作内容进行总结、提炼，形成完整的二手车评估报告。具体的二手车评估鉴定程序如图6-1所示。

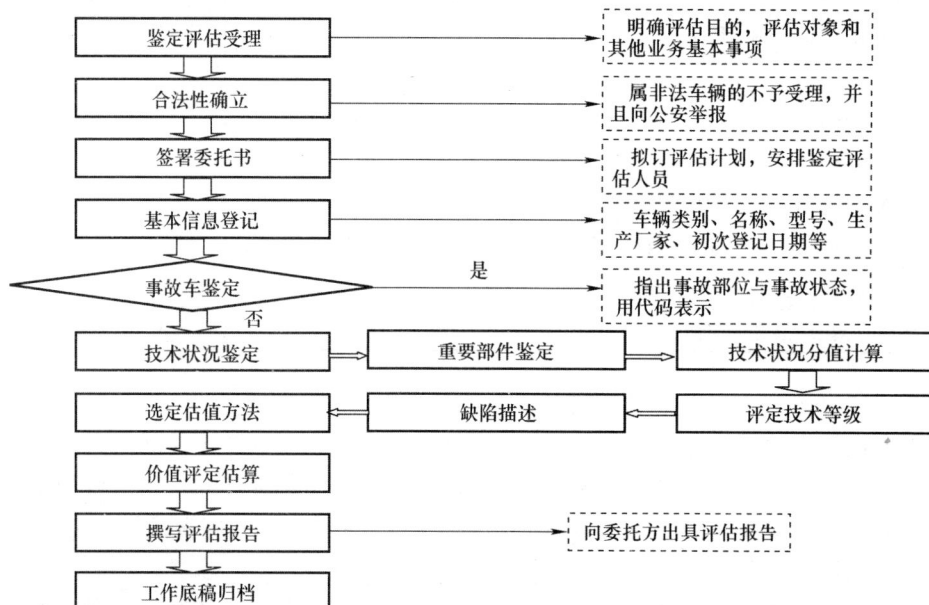

图6-1　二手车鉴定评估程序

现在车辆鉴定评估工具大多采用现代化检测仪器，先进的展厅统一配备举升机、车身检测仪、四轮定位仪、计算机解码器、超声波测厚仪、内窥镜、缸压表、蓄电池检测仪等25个设备，改变了二手车行业长期以来鉴定评估工作中评估师眼看、手摸，主要依靠经验判断的工作方法，让每一辆车的检测有详细的检测数据。评估师根据各种检测数据判断车辆综合性能，使鉴定评估结果完全摆脱个人因素的影响。专业品牌的二手车评估公司在二手车市场上也具备了很强的竞争实力，同时也为二手车市场的规范起到了示范作用，保障了交易双方的利益。

## 二、二手车价值估算方法

我国对二手车评估还没有统一的标准，二手车估价方法主要参照资产评估的方法，经常用到现行市价法和重置成本法。

### 1. 现行市价法

现行市价法又称市场法、市场价格比较法，是指通过比较被评估车辆与最近售出类似车辆的异同，并将类似车辆的市场价格进行调整，从而确定被评估车辆价值的一种评估方法。现行市价法是最直接、最简单的一种评估方法。这种方法的基本思路是：通过市场调查选择一个或几个与评估车辆相同或类似的车辆作为参照物，分析参照物的构造、功能、性能、新旧程度、地区差别、交易条件及成交价格等，并与评估车辆一一对照比较，找出两者的差别及差别所反映的在价格上的差额，经过调整，计算出旧机动车辆的价格。现行市价法应用的前提条件：需要有一个充分发育、活跃的旧机动车交易市场，有充分的参照物可取；参照物与被评估车辆有可比较的指标、技术参数等资料是可收集到的，并且价值影响因素明确，可以量化。

现行市价法的优点：①能够客观反映旧机动车辆目前的市场情况，其评估的参数、指标直接从市场获得，评估值能反映市场现实价格；②结果易于被各方面理解和接受。

现行市价法的缺点：①需要公开及活跃的市场作为基础。然而我国旧机动车市场还只是刚刚建立，发育不完全、不完善，寻找参照物有一定的困难；②可比因素多而复杂，即使是同一个生产厂家生产的同一型号的产品，同一天登记，由不同的车主使用，其使用强度、使用条件、维护水平等多种因素作用，其实体损耗、新旧程度都各不相同。

现行市价法要求评估人员经验丰富，熟悉车辆的评估鉴定程序、鉴定方法和市场交易情况，那么采用现行市价法评估时间会很短。因此，此方法特别适合应用于成批收购、鉴定和典当。单件收购估价时，还可以讨价还价，达成双方都能接受的交易价格。

### 2. 重置成本法

重置成本法是指在现时条件下重新购置一辆全新状态的被评估车辆所需的全部成本（即完全重置成本。简称重置全价），减去该被评估车辆的各种陈旧贬值后的差额作为被评估车辆现时价格的一种评估方法。基本计算公式：

（1）被评估车辆的评估值 = 重置成本 – 实体性贬值 – 功能性贬值 – 经济性贬值。

（2）被评估车辆的评估值 = 重置成本 × 成新率。

重置成本是购买一辆全新的与被评估车辆相同的车辆所支付的最低金额。

重置成本有两种形式：复原重置成本和更新重置成本。

复原重置成本是指用与被评估车辆相同的材料，以及制造标准、设计结构和技术条件等，以现时价格复原购置相同的全新车辆所需的全部成本。

更新重置成本是指利用新型材料，以及新技术标准、新设计等，以现时价格购置相同或相似功能的全新车辆所支付的全部成本。

在进行重置成本计算时，应选用更新重置成本。如果不存在更新重置成本，则再考虑用复原重置成本。影响车辆价值量变化的因素：

（1）机动车辆的实体性贬值。实体性贬值也叫有形损耗，是指机动车在存放和使用过程中，由于物理和化学原因而导致的车辆实体发生的价值损耗，即由于自然力的作用而发生的损耗。

（2）机动车辆的功能性贬值。功能性贬值是由于科学技术的发展导致的车辆贬值，即无形损耗。

（3）机动车辆的经济性贬值。经济性贬值是指由于外部经济环境变化所造成的车辆贬值。

外部经济环境包括宏观经济政策、市场需求、通货膨胀、环境保护等。

外界因素对车辆价值的影响不仅是客观存在的，而且对车辆价值影响还相当大，所以在旧机动车的评估中不可忽视。

## 模块二　　二手车的市场管理

二手车市场目前品牌企业较少，有市场影响力的企业也比较缺乏，可以说目前的二手车市场是处于无序的发展阶段，企业要想在这样的市场中取得成功，应了解我国目前二手车的市场发展趋势，探索二手车市场营销模式，并建立规范的二手车销售模式，培养高素质的二手车从业人才，这样才能够在二手车市场树立行业地位。

### 单元一　我国二手车市场的前景

#### 一、我国目前二手车市场主要问题

**1. 二手车市场需要迅速建立起科学的二手车价格评估体系**

任何产品的买卖都需要一个可供市场使用和参考的价格评估体系。对于中国的二手车市场来说，如果不具备统一、科学的价格认定标准，二手车的交易和市场的兴起必将受到巨大的阻碍。一个标准的建立，有国家推动和市场推动两个基本动力。同时，一个标准体系的形成也必须具备三大要素：科学性、广泛认同和广泛使用。从市场推动来看，目前国内这种分散、小规模的二手车交易还无法形成被广泛认可的二手车交易价格体系。尽管一些二手车交易市场建立了相应的价格评估体系，但是由于其实力不足，很难将这种体系进行市场推广，并被广大消费者所认可。

**2. 品牌置换中的残值管理**

目前在国内，二手车在汽车销售市场所占的销售比重还很低。但在国外，二手车在汽车销售市场的销售量是新车销售量的3倍。未来，二手车的销售对厂商非常重要。同时，新车经过正常使用后进入二手车市场的价格评估，即二手车残值管理也对厂商有着重大的意义和作用。

（1）整车厂的新车价格与二手车价格息息相关，二手车残值管理为整车厂的新车价格保持稳定提供了保证。

（2）使整车厂的用户感到满意，为用户的旧车退出提供了途径。

（3）二手车销售的成绩对品牌形象也会造成影响，合理地管理二手车残值将有效地提升品牌形象。

目前，一些有实力的整车生产厂商介入二手车市场，提供的二手车置换业务主要包括两个方面：同品牌置换和多品牌置换。同品牌置换对厂商而言，其品牌的二手车价格由厂商自行管理。目前，某些汽车品牌专营店在经营二手车业务时，进行不同品牌置换将影响到其他品牌的价格，间接地"管理"了其他品牌的二手车残值。

**3. 品牌专营，厂商制订新的游戏规则**

由整车生产厂商进入品牌二手车市场的做法，为中国的二手车市场注入了新的营销模式，并将引发二手车市场的变革。整车生产厂商将建立起新的二手车交易标准，重新制订国内二手车市场的游戏规则。整车厂商在品牌专营体系中设立的品牌二手车交易的销售模式，其作用和意义相当于当年在汽车销售领域中建立品牌专营的情况。

从以上的三大问题中可以看出一个完整的二手车市场正在逐渐完善起来。三大问题在未来势必被汽车厂家所解决，因此，消费者必将迎来换车时代。面对二手车市场交易渠道的扩大，现在不仅仅只有专业化二手车交易公司了，拍卖公司、经纪公司、评估公司等都将涉足其间并相互展开激烈竞争。随着信息技术的发展，传统的二手车市场也将被替代，网络化可以使人们在世界各地买卖二手车。建立二手车品牌的经营方式，也是树立行业形象的手段。品牌化可以形成像新车厂商一样的二手车交易品牌公司。

**二、二手车市场的发展趋势**

随着市场的高速发展，我国二手车贸易长期以来存在的许多问题也凸现出来，有些甚至已经成为阻碍二手车市场进一步发展的严重阻碍。要解决这些问题，就必须改变目前二手车的经营模式和管理方式。例如，美国、德国、瑞士、日本等国旧车销售促进新车销售，把旧车的客户变成新车潜在的客户等客户管理方式。

**1. 交易主体多元化、交易方式多样化、交易手续简便化**

从发达国家和发展中国家情况看，随着各国经济的发展，旧车作为一般商品进入市场，其销售多渠道导致形成了品牌专卖、大型超市、连锁经营、旧车专营、旧车拍卖等并存的多元化经营体，其交易方式直接销售、代销、租赁（实物和融资）拍卖、置换等多样化，尽可能减少交易环节，使交易手续灵活简便，为消费者营造了购买旧车方便的消费环境。

交易主体多元化体现在品牌经营和电子商务的加入。品牌经营能够引领着传统二手车市场不断突破自我，探求更有效的二手车市场经营模式，但在这个过程中肯定会对传统二手车行业造成冲击；品牌二手车之间的竞争短时间内不会出现，未来的二手车市场将出现传统二手车、品牌二手车及电子商务二手车三方共存的经营场面。各种经营方式也是各有优劣，二手车经营领域面临市场细化，不同的经营模式满足不同的消费主体，不同的经营模式之间互有竞争，互有补充。

**2. 旧车交易规范化售后服务标准**

二手车市场主要是通过制定法规和行业协会管理及品牌汽车企业来确定经营者的资质

资格，规范其交易行为。从发达国家看，通过技术质量认证，保证售出二手车的质量。2002年，美国经过认证的二手车的销量上升46%。同时，通过统一的服务标准，使购买旧车的消费者在一定时期内享受与新车销售相同的待遇。

### 3. 税收、价格评估等方面

从国家层面，对税收和价格评估给予方式的变革也将促进二手车的销售。从北美洲、欧洲情况看，绝大部分国家在旧车交易中是按照购进销售之间的差价征税。

### 4. 信息现代化

随着现代信息化技术的发展，交易方式和流程越来越方便，也可以极大地促进二手车的交易简便化。信息化程度越高，越容易利用先进的信息网络实现旧车各种信息的查询，极大方便了旧车的交易。

### 5. 让行业组织发挥作用

从国际经验来看，行业组织的规范作用更加有利于二手车市场的发展。无论从发达国家还是发展中国家看，政府基本上不干预旧车交易，行业协会在加强行业管理和行业自律，以及制定行业标准等方面的作用越来越突出。从发达国家旧车交易情况看，经济越发达，旧车交易越活跃，一方面可以促进新车的销售，另一方面可以促进经济的发展。因此，树立国内汽车行业协会的威信，可以很好地为二手车市场服务。

## 单元二　二手车市场的规范管理

二手车的市场管理主要涉及两个方面：一是二手车收购过程中的管理；二是规范二手车交易流程。

### 一、二手车收购管理

对经营二手车的车行而言，没有收购就没有销售，就无法产生利润，企业将无法生存，二手车的收购来源就是经营者生存之源。拓展二手车收购的来源以后，有效提高成交率才能真正实现有效收购。因此，在二手车收购经营中，拓展业务来源和提高成交率是两个最为重要的环节。就拓展收购业务而言，二手车的车源主要有以下几个渠道。

（1）店面收购。在合适的区位设置店面非常重要，选址对了，经营也就成功了一半。一般二手车经营者会选择在二手车交易较为集中的区域（集散地）或在车辆管理所附近设置店面。俗话说"店多成市"，在这些地方有自然的集客能力，不用做广告，车主们都会来到这里咨询或出售车辆，只是竞争比较激烈，收购的车辆价格普遍会偏高。

（2）从4S店等新车销售商处收购车辆。目前，许多4S店表面上开展二手车业务，其实并不具备收购能力。由于缺乏相应的专业人才或销售渠道，他们的目的还是新车销售，当二手车收购回来以后，自己并不具备销售条件，没有销售卖场，于是便直接转让给二手车市场，由二手车市场的经营户收购后再销售。有的甚至直接让二手车车商派人驻点服务，将二手车收购业务转包给二手车车商。因此，4S店资源成了许多二手车车商的主要车源渠道。从4S店等新车销售商收购二手车也有许多弊端，虽然车源稳定，但由于受到新车销售政策的影响，以及需要维护与4S店等新车销售商的关系，二手车车商有时不得不付出额外的成本。例如，公关费用、成交回扣等，有时还得为了促进新车销售而不得不迎合客户，高价收购。

（3）从维修厂收购。维修厂可以说是跟车主们接触最多的地方，也是车主们卖车前都会去的地方，许多车主卖车也就是因为维修成本高了，才决定卖掉的。许多车主在卖车前都会流露出一些换车信号，如换件维修时可能偏保守，不急于换和修；还有就是打听和关心新的品牌车辆的相关信息。因此，精明的二手车车商也会跟维修厂保持联系，以获得二手车车源。

（4）其他相关企业，如轮胎店、保险公司等。这些企业在给客户做服务时，也会得到一些信息。如同车主去维修店一样，在购买保险和换轮胎时都会表现出较为保守的态度，不急于买新保险或换新轮胎等，二手车经营者也可以从这些相关企业的服务人员处获得二手车车主信息。

（5）通过网络报纸广告。这种方式成本较高。报纸广告有"分类广告"栏目提供宣传，但是，只有争取到较好版面，效果才会好，否则没有意义。另外就是网络渠道，现在有许多的专业二手车网站提供二手车信息。一些新车网站也设立了二手车栏目，收集和发布二手车信息，这些网站通过收集和发布二手车信息给二手车车商提供车源渠道。

（6）老客户资源。老客户资源不仅仅是老客户换车，而且还包括老客户周围的客户群体。物以类聚，人以群分，老客户周围的朋友们经济实力大多相同，因此，挖掘老客户资源也很重要。挖掘历史成交客户资源是许多二手车业务员长期的工作，将历史成交的老客户定期逐一联络一遍，既能关心客户用车情况，解决疑难问题，提高服务形象，也可提醒车主换车或推荐客户。

**二、交易规范管理**

二手车市场之所以发展得比较混乱，原因之一就是交易的不规范性，在缺乏国家严格管理的情况下，为确保交易双方的交易公平，规范的交易就非常重要。在规范的交易过程中，企业交易双方应对以下文件进行详细的过程审查。

（1）交易公司必须具备下列证件：营业执照；税务登记证（国税、地税）；组织机构代码证；交易发票；代理人服务证；服务价格收费许可证；与市场签订委托服务协议。

（2）交易公司应有固定营业场所及专业人员。

（3）了解交易公司经营业绩及信誉。

（4）签订国家规范的交易合同。

（5）双方提供合法有效的证件。

规范的二手车市场管理程序可以有效地解决目前我国二手车市场的诚信问题。品牌化的二手车市场能解决交易双方的信息不对等问题，可以有效地规范二手车整个市场，从而使二手车市场进入良性化发展。

## 模块三　　二手车销售相关法律法规

2005年8月10日，商务部发布《汽车贸易政策》。随后，以《二手车流通管理办法》为主体的一系列涉及二手车业务的相关政策于当年内陆续出台，国内二手车交易环境从法制层面上发生了根本性变化。

## 单元一 出台背景

二手车流通市场在我国极具发展潜力，培育和发展好这一市场既可方便二手车交易，拉动消费，又能够增加税源，是一项利国利民的大事。近年来，我国二手车流通市场形成了一定规模，但作为新车流通的延伸，发展较为滞后，交易主体和交易市场功能单一，交易方式落后，交易行为不规范，鉴定评估随意性大，缺乏完善的市场信息网络系统等。二手车流通发展滞后已成为制约汽车市场发展的瓶颈。产生上述问题的一个重要原因就是二手车相关规定与二手车流通发展不相适应。从1998年起，国家有关部门相继出台的《旧机动车交易管理办法》等相关文件和规定，对培育二手汽车市场和规范市场交易秩序起到了积极的作用，但已不能满足当前二手车流通发展的需要，更不能适应我国加入世贸组织后汽车贸易领域对外开放步伐加快的形势。为此，2005年8月29日，商务部、公安部、工商总局、税务总局联合发布了《二手车流通管理办法》，并自当年10月1日起正式实施。

## 单元二 对汽车销售的影响

对于长期处在以经纪公司为主导的国内二手车领域，《二手车流通管理办法》使国内二手车交易步入规范化轨道，同时，新政策允许汽车经销商直接进行二手车交易，为二手车融资提供了更多的可能性，从而为消费者购买二手车提供更多的途径。

### 一、经销商将成交易主体

原有二手车交易必须在二手车交易市场进行的规定，使汽车品牌经销商等经营主体经营二手车受到阻碍，严重地影响和制约了二手车及汽车市场的发展。为进一步增强汽车市场活力，《二手车流通管理办法》明确规定，国家鼓励二手车流通，支持有条件的汽车品牌经销商等经营主体经营二手车，以及在异地设立分支机构开展连锁经营。实际上，在汽车工业发达的国家，二手车交易有一半以上是在4S店内完成的。据了解，目前美国、德国、瑞士、日本二手车的销量分别是新车销量的3.5倍、2倍、2倍、1.4倍，其中美国二手车利润占利润总额的45%。二手车销售促进新车销售，二手车的客户是新车潜在的客户。因此，允许经销商进入二手车交易市场，对汽车销售、生产形成良性循环具有重要的意义。

### 二、新政取消强制评估

实施二手车自愿评估制度是新政策的一大特色。同时，建立具有权威性的二手车评估机构将代替目前二手车市场的强制评估。取消强制评估将给消费者购买二手车提供实惠和便利，原先买二手车必须进行强制评估且要缴纳2.5%的定额过户税，具体流程是消费者在买到车后到二手车市场交易大厅过户时，市场管理人员会重新给这辆车做评估定价，在评估价的基础上收取2.5%的过户费用，如一辆10万元的二手车，过户费为2500元。现在取消了强制评估，既简化了手续又节省了购车成本。另外，《二手车流通管理办法》为了增加二手车交易的透明度，规定通过二手车经纪机构进行二手车交易的，应当由二手车交易市场经营者按规定向买方开具税务机关监制的统一发票，作为二手车转移登记的凭据。

### 三、二手车交易可贷款、可退车

由于新政策允许汽车经销商直接进行二手车交易，再加上民营资本和外资的进入，二手车交易的模式也将出现多元化趋势，贷款购二手车便是其中新出现的交易模式。上汽通用汽车金融公司已经涉足二手车消费信贷业务。

另外，二手车卖方应向买方提供车辆的使用、修理、事故、检验及是否办理抵押登记、缴纳税费、报废期等真实情况和信息。消费者购买的车辆如因卖方隐瞒和欺诈不能办理转移登记，卖方应当无条件接受退车。二手车经销企业销售使用年限在 3 年以内或行驶里程在 6 万 km 以内的车辆（营运车除外），应向直接用户提供不少于 3 个月或 5000km 的质量保证期。

## 单元三　国内二手车贸易存在的问题

我国的二手车贸易虽然取得了一定程度的发展，但是与汽车工业发达国家相比较，还存在着明显的差距。

### 一、市场发育落后，管理比较混乱

国内的二手车营销管理仍处于体系不健全、售后服务差的状态。目前尚未形成大品牌的二手车经销商，各二手车贸易点零星分布、业务分散。有些经销商缺乏诚信，坑害消费者行为时有发生，不仅损害了消费者的利益，也阻碍自身行业的发展。

### 二、相关法律法规滞后，使不法分子有机可乘

电子商务的法律不健全，使得二手车在我国开展电子商务因缺乏保障而有较大的发展困难。另外，某些经销商利用交易信息不对称来欺骗消费者，究其原因，也是因为电子商务方面的法律法规不健全造成的。

随着国内汽车保有量的不断增加，二手车交易必将得到更加长足的发展。就目前而言，消费者对现有的二手车交易的规范性和有序性表示担忧，并对汽车厂商、汽车经销商和二手车评估机构表现出很大程度的期望。厂商开展二手车置换业务是最好的，但目前厂商自己开展操作有难度，因此，厂商、中介机构和政府三方可以探讨最佳合作方式，为二手车市场的发展起到规范效应。

## 【章末阅读】

### 二手车远距离流转需求爆发，市场呼唤 B2B 交易平台

星期六早上 6 点多，昆明这座城市才刚刚从睡梦中清醒，一家 4S 店的经销商李强（化名）就已经在前往机场的路上了，他要在下午 1 点前赶到上海，去参加一个二手车圈的活动。"主要是想去找点车源。"李强告诉《第一财经日报》记者，"现在新车的利润率不行了，但二手车毛利率可以达到 15% 左右，并且处于供不应求的状态，如一些城市淘汰的出租车，车价在 1 万多元的，拿回去加 2000～3000 元立马就转手了。"

几乎与李强飞往上海的同时，来自杭州的二手车经销商王勇（化名）也正准备从杭州乘高铁前往上海。和李强一样，他也是为上述二手车圈的活动而来，但不同的是，"我是打算看看能不能和一些三四线城市的经销商达成协议，把手头的车销出去，现在杭州限购，周边城市都在限迁（所谓限迁，即是各地对迁入二手车的排放限制，目前国内有

90%的城市和地区要求迁入二手车必须为国Ⅳ车型，包括部分新车依然是国Ⅲ标准的地区），二手车生意不好做，也顺便来学习下圈内人的经验。"王勇告诉记者。

"二手车和新车不同，每一辆车的车况都有差异，属于非标产品，因此，即便是达成协议，我也很难知道自己买到的车是不是想要的。"李强说，两个经销商跨区域进行合作，首先要解决的是诚信问题，但在目前的情况下，主导二手车流通的，绝大部分都是单个的经销商，俗称"黄牛"，诚信体系的缺乏已是常态。另外，在李强看来，黄牛的车源较为分散，也无法满足其对二手车持续稳定的需求。

李强表示："如果在二手车买卖双方之间搭建一个平台，可以解决诚信、交易成本等问题，那么这件事情就会相对简单。"而这次来上海，他是提前知悉了一个消息，继之前的电商平台车享网之后，上汽集团将搭建一个新的二手车B2B交易平台车享拍。所谓B2B，即上述车享拍的目标客户并不是普通的消费者，而是商户，前端的B可能来源于4S店及传统二手车经销商，俗称"黄牛"，他们将手中的二手车资源放在车享拍平台上，由后端的B，即需求商户发起竞价，竞价成功者可以通过现场提取或物流的方式拿到所得的二手车。由于是通过网上平台竞拍，后端的二手车商户无法看到实车，因此，如何保证信息的对等及交易的诚信度则成为上述B2B平台的搭建者需要考虑的问题。

在上汽集团之前，早在2012年，一个面向商户的二手车拍卖平台车易拍就已经上线了。"确实，我们遇到的首要问题也是如何打消买卖双方对平台的不信任，以及通过拍卖的方式造成的信息不对等的问题。"车易拍市场部一名内部人士坦言，为此，车易拍推出了"268V"的检测标准，并推出"赔付"功能。"如果经销商对拿到的车不满意，我们是可以对其赔付的。后来我们发现经销商一般在从我们平台上拍了3辆车以后，就基本能打消顾虑了。"

在模式上，上汽集团的车享拍与车易拍基本类似，在线下进行评估，出具报告，然后车商通过报告估价参拍。然而，二手车的评估更多依赖于评估师的个人判断和经验，如何保证不同评估师的评估和认定都能达到一个相对标准和客观的状态，这也是一个问题。对此，车享网二手车事业部总经理吴宏表示，车享拍的AICS将涵盖约260项检测，并进行量化。例如，以前一个车身上有凹坑，可能很多评估师就觉得这不行，但是凹坑的大小是有差异的，现在我们就必须将其细化，多大的凹坑，如10mm的或50mm的，各应该扣掉多少分。

外观的残损可以通过量化来实现，但二手车最关键的不是外观残损，而是是否发生事故，这些仅仅从表面是看不到的。虽然觉得B2B电商平台相较于黄牛的交易更"靠谱"，但李强依然有所担忧。上述车易拍人士表示"我们会有专业的检测工具，并且我们后台会有大的数据库作为支撑，检测工具检测到的情况可以实时传回来，与大数据进行比对，然后给出更合适的判断。"这在一定程度上可以避免人工检测存有的偏颇和看法不一致的问题。

而依托于上汽集团下的4S店资源，吴宏认为在对车辆过去的事故认定及保养状况等信息的收集上，车享拍显然更有优势。"例如，一辆上汽集团下的车，我们可以通过4S店和厂家的系统拿到它过去的维修和保养信息，那么在二手车的车况鉴定上就会更客观、更准确。"吴宏认为，这一优势是其余独立的二手车拍卖平台比较难以达到的。"但如果是其余品牌，并且不选择4S体系进行维修保养的车呢？"李强质疑。他认为，B2B的模式固然解决了信息和资源不对等的情况，但在操作上，依然存在一定难点。"例如，从上海到昆明，全程超过2000km，物流一般在3000元左右，这一成本增加对我们来说压力也很大。另外，如果发现问题，中间的赔付可能也会有问题出现。"李强说为了谨慎起见，他决定还是先观察，等平台发展更成熟再决定要不要参与进来。

因此，在B2B交易模式之外，以平安好车为代表的C2B模式，以及部分新兴的C2C交易平台，都在试图"分羹"这一市场。而另外，售后延保、金融服务等业务也具有一定的增长空间。

"二手车交易平台的盈利来源更多的不是在二手车交易过程中，而是在二手车交易之外的整个产业链上。"上述车易拍人士表示。据记者了解，在交易环节本身，上述B2B平台的收入基本上限于交易提成。以上汽集团为例，其平台提成可能仅为交易金额的3%左右。

"而要打通整个产业链，如要去做延保、金融，就必须有大量的资金来源。"上述车易拍人士表示，目前发力B2B业务的各家，真正谁能做大做强，除必须具备完善的检测体系和赔付能力外，还必须增加经销商的黏度，提供与别人不同的差异化服务。在看似轻量化的运营模式之下，各方对资金的渴求依然十分明显。

（资料来源：第一财经，2014年10月23日）

# 第二部分  项目实施

## 环节一  情景引入

### 袁小姐买车的遭遇

2012年10月15日，消费者袁小姐在某二手车市场购买了一辆某品牌二手轿车，成交价23万元，购买时销售员告知该车登记时间为2012年8月，行驶里程仅为18000km。当时考虑到该车外观较新，又只行驶不到20000km，袁小姐觉得符合自己的要求就买下了。当时她看到车的里程还在保修期内就要求交易市场提供保修卡，但对方无法提供。11月1日晚因车窗被砸，袁小姐便开到4S店修车，修理师傅告诉她该车真实里程为51000km（截至9月10日），轮胎磨损严重，没有做过像样的保养。袁小姐与交易市场交涉未得到解决。

## 环节二  任务设计

任务一：仔细阅读《二手车远距离流转需求爆发，市场呼唤B2B交易平台》一文，分析二手车如何跨越中介环节，精准到达消费者手中，2000字。

任务二：结合情景引入案例，请为袁小姐的遭遇出谋划策，帮助她摆脱二手车消费遇到的尴尬。

　　任务三：各小组收集和研究一个消费者遭遇汽车消费法律纠纷案例，制作 PPT 并展示。

## 环节三　项目考核（表6-3）

### 表6-3　项目考核

| 考核类别 | | 考核指标 | 考核等级 | | | |
|---|---|---|---|---|---|---|
| 过程考核 | 通用技能 | 交际表达，团队合作 | □及格 | □中等 | □良好 | □优秀 |
| | | 数据分析，市场敏感 | □及格 | □中等 | □良好 | □优秀 |
| | | 创新能力，数据收集 | □及格 | □中等 | □良好 | □优秀 |
| | 专业技能 | 产业趋势，市场预测 | □及格 | □中等 | □良好 | □优秀 |
| | | 顾客管理，工具应用 | □及格 | □中等 | □良好 | □优秀 |
| | | 竞争分析，创新策略 | □及格 | □中等 | □良好 | □优秀 |
| 结果考核 | 分析报告 | 专业用语，文笔流畅 | □及格 | □中等 | □良好 | □优秀 |
| | | 市场把握，分析透彻 | □及格 | □中等 | □良好 | □优秀 |
| | | 逻辑缜密，结构完整 | □及格 | □中等 | □良好 | □优秀 |
| | PPT 制作 | 构图雅致，层次感强 | □及格 | □中等 | □良好 | □优秀 |
| | | 文字凝练，重点突出 | □及格 | □中等 | □良好 | □优秀 |
| | | 图文得当，画面清晰 | □及格 | □中等 | □良好 | □优秀 |

## 环节四　任务评价

1. 各组代表分享汽车消费法律纠纷案例收集中的感受和收获。
2. 互评各组发言人个人及团队的表现。
3. 教师总结、评分。

## 环节五　课后作业

收集、整理并学习二手车评估师所需要具备的各类知识。

# 项目七

## 汽车营销客户关系管理

**知识目标**

掌握　潜在顾客开发　现有客户管理　售后服务流程　满意度的管理　顾客投诉处理

**能力目标**

能够　开发潜在顾客　管理现有客户　熟悉售后服务　提升用户满意　处理顾客投诉

**素质目标**

具备　口头表达能力　团队协作精神　创新能力　严谨工作态度　持续学习能力

## 【开篇阅读】

### "BMW 中国售后服务技能大赛 2014" 圆满收官

2014 年 9 月 24 日，两年一度、代表宝马在中国售后服务领域最高水平的重大赛事——"BMW 中国售后服务技能大赛 2014" 全国总决赛在北京圆满落下帷幕。来自全国 5 大区域 90 家经销商，共计 245 名宝马售后服务精英，在历经 5 天的层层考核后，最终角逐出服务顾问、零件顾问和技师三大重要岗位的冠军。此外，北京燕宝、广东德大、北京京宝行分获了团体赛冠军、亚军、季军，经销商最佳案例分析奖前三名由浙江金湖、上虞金昌宝顺、四川中达成宝分别收于囊中。

由宝马中国培训学院与售后服务部门联合举办的这项大赛，吸引来自全国 300 多家宝马授权经销商的超过 7400 名售后人员报名参赛，再次刷新了历届大赛的参赛规模纪录，为更多的经销商售后服务员工搭建了一个学习、交流和分享的平台。

自 2006 年成功举办第一届 BMW 中国售后服务技能大赛以来，历届大赛均吸引了广大经销商及售后人员的积极参与，起到以赛代练的作用，有效提升了经销商售后服务人员的业务处理能力和服务水平，极大促进了经销商的学习热情和品牌归属感，也是 BMW 体系从业人员实现个人职业发展的通路。以 "知悦深，行越远" 为主题，本届 BMW 中国售后服务技能大赛更兼顾实用性和知识性，同时注重个人能力与团队协作能力，将日常工作中面对的技术核心、业务重点、疑难案例及顾客的真实需求列为比赛科目，同时也将服务人员对 BMW 售后服务 "透明，高效，关爱" 品牌承诺的理解和践行贯穿在各个考核环节之中。

宝马注重售后人才的培养，将高品质人才视为可持续发展的关键。自 1994 年宝马集团进入中国市场，宝马培训便于第一时间开始为中国提供以市场为导向的售后培训服务。2006 年，宝马中国培训学院成立，开始系统地为经销商提供技术及非技术类培训，并通过资格认证环节监督培训效果。

近年来，领先的经销商网络和服务为宝马提供了品牌、产品之外的第三大核心竞争力，有助于提升顾客满意度并建立更好的顾客忠诚度，为宝马保持在中国豪华车市场中的竞争优势打下坚实基础。宝马始终以顾客为导向，在服务网络建设及服务内容方面不断创新，以便满足顾客对于售后服务便捷性的需求，更加贴近消费者。

2014 年 5 月 1 日起，宝马大力推广保修到期前免费检测活动，主动电话提醒顾客在保修到期前回店检测，来帮助顾客了解车辆情况，并尽早发现、解决车辆的潜在问题，从而减少顾客的用车成本，防患于未然。

2014 年 7 月，源于宝马对顾客需求的深入了解，宝马首家全新的售后服务渠道——宝马便捷接车点正式投入运营，这是宝马在中国市场中的开创之举，也为行业树立了新标。

（资料来源：蓝小英，太平洋汽车网，2014 年 9 月 30 日）

# 第一部分 知 识 模 块

　　随着汽车保有量的不断增加，人们对汽车售后服务的要求也越来越高，近年来针对汽车服务质量的投诉也是逐年上升，汽车市场的竞争已从两年前的销售市场转向售后服务市场。因此，了解顾客，和顾客建立良好的互动，是建立顾客忠诚的重要方式。

　　对顾客关系管理应用的重视来源于企业对顾客长期管理的观念，这种观念认为顾客是企业最重要的资产，并且企业的信息支持系统必须在给顾客以信息自主权的要求下发展。成功的顾客自主权将产生竞争优势并提高顾客忠诚度，最终提高公司的利润率。顾客关系管理的方法在注重4P营销理论关键要素的同时，反映出在营销体系中各种交叉功能的组合，其重点在于赢得顾客。这样，营销重点从顾客需求进一步转移到顾客保持上，并且保证企业把适当的时间、资金和管理资源直接集中在这两个关键任务上。

## 模块一　　　　汽车客户关系管理

　　客户关系管理（Customer Relationship Management，CRM）是一个不断加强与顾客交流，不断了解顾客需求，并不断对产品及服务进行改进和提高以满足顾客需求的连续的过程。其含义是企业利用信息技术和互联网技术实现对顾客的整合营销，是以顾客为核心的企业营销的技术实现和管理实现。客户关系管理注重的是与顾客的交流，企业的经营以顾客为中心，而不是传统的以产品或以市场为中心的。

### 单元一　潜在顾客的开发与管理

　　潜在顾客的信息是汽车经销商最重要的信息资源，加强对潜在顾客的管理能有效地提升销售量。就中国目前的汽车销售行业而言，经销商展厅仍是销售活动发生的主要场所，因此，如何吸引足够的顾客来到展厅和说服来店顾客购买是经销商取得良好业绩的关键。

**一、潜在顾客的开发**

　　寻找潜在顾客的渠道有很多种，目前，顾客的主要来源是展厅获取。展厅获取一方面通过厂家的营销传播活动，展开地区及经销店辖区内基盘保有顾客与潜在顾客的告知活动，另一方面是通过区域及经销商的广告活动塑造经销商知名度，提升来电来客数。展厅接待最关键是要提高成交率。

　　（1）广告获取：利用各种形式的广告，如电视、广播、报纸、杂志及其他传媒产品进行产品信息及品牌的传播活动。

（2）活动获取：参加车展、新车上市、小区巡展、店头活动、试乘试驾、市场开拓（拜访）或通过其他活动挖掘潜在顾客。

（3）基盘置换、增购、推介：本品牌车主及其他品牌车主的换购，或者保有顾客的转介绍、亲朋好友的介绍和同业介绍等。但这些都是要在顾客满意、有良好口碑的基础之上，经销商应每月规划维护计划，并由主管带动及督促执行。

（4）区域开发：针对辖区内某些行业或职业、各类利益团体，以直邮、电话或拜访的形式，选择车型进行有针对性的开发。

## 二、潜在顾客的分类

按顾客预计购买时间进行分级：H级，1周之内可能订车；A级，15日内可能订车；B级，30日内可能订车；C级，没有明确的订车期限，2～3月内可能订车。根据顾客级别跟进管理，制订拜访计划和频次，及时记录跟进情况，并根据情况及时调整顾客级别，并按新的顾客级别重新制订拜访计划和频次。

跟进频次：H级顾客，至少两天一次；A级顾客，至少一周一次；B级顾客，至少两周一次；其他级别顾客，应根据实际情况及时保持联系，至少每月一次跟进联系，充分了解顾客动态。跟进方式可以是电话联系或上门拜访。对超过一个月的潜在顾客跟进结果必须进行评估，以便于进一步确定工作的重点或判断潜在顾客的购车意向。

## 三、潜在顾客的跟进

### 1. 发短信

短信的特点是既能及时有效传递信息，又不需要接收者当即做出回答，对接收者打扰很小，非常"含蓄"，更符合中国人的心理特点。发短信的形式多样，有短信提醒、短信通知、短信问候等，这些方式的优势在于保证对方一定能收到，即"有效传播"。发短信的方式价格便宜，成本低廉，效果不错。但是若使用不当，也会造成顾客反感、用户投诉。因此，销售人员要掌握好"度"，既不宜太过频繁，使顾客感觉厌烦，也不要太过"冷落"，达不到应有的效果。

### 2. 打电话

打电话是为了获得更多的顾客需求和信息。打电话了解信息的同时也要为自己留下下次接触的机会，这就需要在打电话的同时向顾客提出问题，并表示此次回答不了，等做了深入了解之后再给顾客一个满意的答复。这既是一个负责任的表现，也是感情交流的好机会。销售人员在打电话进行跟进之前，要对顾客进行初步的分析，对不同的疑问点采取不同的措辞。与短信跟进一样，打电话也要注意时机的把握，跟顾客进行联络不能太过频繁，要把握好"度"。

### 3. 发电子邮件

利用电子邮件进行顾客跟进和产品宣传，既节省了纸张，又迅速快捷，并且附带内容多样化。文字、图片、动画、视频等均可通过电子邮件即时传递到顾客面前。这是一种快捷方便的跟进方式，所见即所得，信息量大，目的性强。在处理上均要求顾客看到电子邮件之后给予回执，并及时电话通知顾客邮件已发送，请顾客查收。若顾客没有收到，销售人员还可以再次发送，体现出一种敬业负责的态度。

### 4. 接听电话

对销售人员来讲，接听电话是一门学问，也是增进沟通的一座桥梁，同时说明顾客已经有兴趣及了解的欲望。在接听电话中，销售人员要注意接听电话的礼仪，态度要热情，口气要和善，声音要洪亮，及时且认真对待。因为，每一个未知来电都可能是顾客打过来的，不要掉以轻心。对顾客的询问，如果需要查找资料，最好就是先挂断电话，告之顾客稍后再打过去。若有可能，销售人员可将潜在顾客的电话号码存在手机中，来电一看即知。

### 5. 发传真

利用传真进行顾客跟进也不失为一种好方法。销售人员经常会接到顾客的询问之后，要求传真一份参数给顾客，让顾客做基本了解。优秀的销售人员会认识到此时也是一种良好的跟进方式：复印清晰的参数表、明确的展厅线路图、车型的官方网站及相关论坛网址列表，以及个人详细的联络电话和名片放大复印图，无时无刻不忘记表现自己的专业服务。这样就可以体现出一种认真做事的态度，与众不同的处事方法，会给人留下深刻的印象。销售人员往往忽视这一点，顾客要求发个参数表，就仅给顾客复印参数表，一两张纸就传真过去，经常传真过去的资料连个联系电话都没有，或者直接告诉顾客网站上都有，直接上网查就行了，敷衍了事。销售人员不应该错过每一次跟顾客打交道的机会。销售人员每一次跟顾客接触，都要让顾客感到销售人员是认真对待他的询问，是专业的，而且是敬业的。传真发出之后，要及时跟顾客确认：是否收全，有无遗漏，是否清晰，是否完整。这样往返，增加了交流的机会，也使双方进一步加深了解。

### 6. 寄送邮件

寄送邮件就是以实物为代表跟顾客进行接触。邮递内容包括产品资料、车型目录、车辆参数、车辆杂志、报纸媒体摘编，以及贺卡、生日卡、祝福卡、小礼物、活动邀请函、参观券等，这些都是维系顾客关系的一种渠道。这种方式自己掌握主动权，经常会给顾客带来意想不到的惊喜，让顾客眼前一亮。而且通过邮递，可以把一些在电话中不方便说、展厅介绍来不及说也不能完全说的资料让顾客一览无余。

### 7. 上门拜访

根据销售相关资料，上门拜访是成功率最高的一种顾客跟进办法，但是同时成本相当昂贵：时间消耗长、费用开支大、随机性不确定性大，塞车交通拥堵，顾客不在，临时事急外出，无法掌控自己的时间，会谈时间也不便于控制，经常会打乱访问计划。但是若上门拜访会见顺利，那就离成功不远了。

上门拜访需要注意基本拜访礼节：注重自身形象，关注拜访对象，找好拜访理由，细心观察顾客办公室摆设及风格，了解顾客习惯，查看公司实力。和潜在顾客初次接洽时，销售人员应介绍自己及公司，说明来意，并确认该顾客有足够的交谈时间；了解顾客目前所使用车辆的情况；了解顾客购买新车的使用人、主要用途等信息；了解顾客对车辆的预期。

### 8. 展厅约见

顾客既然愿意预约来到展厅，表明他本人对此款车型已经有相当的购买意愿。销售人员此时就需要做好顾客预约的相关准备，如车辆的内外清洁，车座椅根据顾客身高进行适当调节，还可以根据以往的交流估计出顾客喜欢哪种风格的乐曲，准备好试音碟。同时，销售人员也要想一想顾客会提出哪些问题，以及合适的应对话术。销售人员还应就此顾客的基本情况和其上级主管进行详细的沟通，以便双方配合默契。展厅约见的基本理由有新车型到货、顾客中意的颜色到货、有新配置车型、邀请试乘试驾、店头促销活动邀请。只要有恰当的理由，顾客若对此款车还存在需要，他会乐意前往的。销售人员应根据先前跟顾客跟进沟通的情况，判断顾客目前处在购买的何种阶段：初步了解—引起兴趣—车型比较—车辆异议—价格谈判—签约成交，做出不同阶段的应对方案。如将顾客再次约到展厅，他仍处在车型比较阶段，那么销售人员要多从横向和纵向进行车辆比较，如品牌影响力比较、车辆配置比较、动力比较、操控比较、空间舒适性比较、油耗比较等，以及服务态度比较、专业知识比较、零配件供应比较、维修及时率比较，进行 SWOT 分析，让顾客明白各种车型的优劣，当然，比较的重点仍是顾客所关注的问题。

在潜在顾客的跟进过程中，销售人员应针对不同的情况，采取不同的策略，几种方法灵活运用，相信必会有所收获。

几乎形成鲜明对比的是，在日常工作中，80%的销售人员在跟踪一次后，不再进行第二次、第三次跟踪。少于20%的销售人员会坚持到第四次跟踪。跟踪工作可使顾客记住你，一旦顾客采取行动，首先会想到你。跟踪的最终目的是形成销售，但形式上绝不是经常听到的"您考虑得怎么样？"跟踪工作除了注意系统连续外，更需注意其正确的策略，采取较为特殊的跟踪方式，加深顾客对销售人员的印象，为每一次跟踪找到漂亮的借口。注意两次跟踪时间间隔，太短会使顾客厌烦，太长会使顾客淡忘，推荐的时间间隔为 2 ~ 3 周。每次跟踪切勿流露出强烈的渴望。调整自己的姿态，试着帮助顾客解决其问题，了解顾客最近在想些什么，以及工作进展如何。表 7-1 为潜在顾客管理卡。

**表 7-1  潜在顾客管理卡**

| | | | | | |
|---|---|---|---|---|---|
| 顾客资料 | 顾客名称 | | 顾客性质 | □单位<br>□个人 | 性别 | □男<br>□女 |
| | 手机 | | 固定电话 | | 电子邮箱 | |
| | 地址 | | | | 邮编 | |
| | 单位 | | | | 职业 | |
| | 单位地址 | | | | 邮编 | |
| 联络人 | 姓名 | | 性别 | □男<br>□女 | 介绍人 | |
| | 单位 | | 电话 | | | |
| 顾客来源 | □R—转介绍 | □I—内部情报 | □B—保有 | □E—员工购车 | □S—来店/来电 | □P—展示会 |
| 意向车型 | | | 意向日期 | | 比较品牌/车型 | |
| 计划访问 | 实际访问 | 洽谈结果 | 意向级别 | 经过情形 | 销售顾问 | 审核 |
| | | | | | | |
| | | | | | | |
| | | | | | | |

（续）

1. 顾客来源：
   □R—转介绍：保有顾客介绍新顾客 　　□I—内部情报：内部员工或关联单位介绍的顾客
   □B—保有：保有顾客增购或换购 　　　□E—员工购车：内部员工或关联单位员工购车
   □S—来店/来电：致电或到店的新顾客 　□P—展示会：车展或外拓展示活动产生的新顾客
2. 意向级别：H级—3天内订车；A级—7天内订车；B级—15天内订车；C级—30天内订车
3. 本表填写：销售顾问每天下班前，将信息及商谈过程中了解的顾客意向车型、比较车型等填入本管理卡，并交销售经理审核
4. 本表管理：本管理卡是经销商的重要资源，需造册严格管理。销售人员中途离职，需办理移交手续

销售人员：　　　　　　　　　　销售经理：　　　　　　　　　　日期：

## 单元二　保有客户管理

汽车的生命周期决定了汽车消费的周期性，统计数据显示，已经从某家经销商购买汽车的顾客再次从这家经销商购买的比例达65%，而从竞争对手那里转化过来的顾客只占35%。因此，销售及服务人员应和顾客保持联系和沟通，为顾客提供各种服务与关怀，使顾客成为忠诚的顾客。表7-2是开发新顾客与维系老顾客的成本差异，可见对保有顾客进行管理的重要性。

**表7-2　开发新顾客与维系老顾客的成本差异**

| 比较项目 | 新顾客 | 老顾客 |
| --- | --- | --- |
| 好感度 | 不确定 | 高 |
| 忠诚度 | 低 | 高 |
| 信用度 | 待确定 | 已确定 |
| 信任度 | 低 | 高 |
| 劳务量 | 高 | 低 |
| 成交时间 | 长 | 短 |
| 销售成本 | 高 | 低 |

### 一、顾客档案的建立和管理

对每一位已经购车的顾客进行详细的资料登记并建立顾客档案。顾客档案管理不同于一般的档案管理，如果一经建立即置之不顾，就失去了其意义。销售人员应定期浏览回访，及时了解顾客的需要及对服务的满意度，根据顾客情况的变化，不断地对信息加以调整并及时补充新资料，每次跟踪做记录。销售人员通过对顾客信息的资源整合，对顾客进行细分，分析顾客对汽车产品及服务的反映，分析顾客满意度、忠诚度和利润贡献率，以便更有效地赢得顾客和保留顾客。

### 二、保有顾客的经营

经销商对保有顾客汽车使用情况进行全程跟踪，并提供个性化关怀。建议交车后的24h内发出第一封感谢信，交车后的24h内打出第一个访问电话，交车后的7天内打出第二个回访电话，适时上门拜会顾客，每两个月安排与顾客联络一次，超过48个月进行再次联络。由于保有顾客维护需要销售人员与顾客平常的感情建立，建议除建立保有顾客管理卡外，对于每位销售人员的维护数应列册，以方便管理。

经销商还应建立保有顾客的推荐系统。在实施顾客推荐方案时，经销商应考虑以下几个问题：顾客推荐是一个长效工作，需要持续的规划；促使被推荐者积极参与和配合；推荐者需要通过专门挑选，建立意见领袖，如政府部门、传媒、影视明星、企业家及被公众认为是成功的人士，他们在一定范围内对他人购物决策和倾向起到影响和示范作用；推荐者本身需要一个持续的培训，顾客培训可以有效提升顾客价值，并且吸引潜在目标顾客的参与，如汽车使用与保养课堂、理财课堂、管理课堂、保健课堂、美容课堂、健身课堂等。

规划保有顾客的产品升级换代。对于车辆使用三年以上的顾客，每月应至少有一次接触访问，并提供本公司销售的全系列车型目录作为置换选择。

### 小知识

#### "坏消息"让顾客改变了购买决定

消费者买车与接受售后服务的时候，经常会关注一些在经销商眼中看起来不起眼的重要信息，主要是"坏消息"。例如，某品牌汽车销售店中，一位顾客听说该车的发动机发生爆炸，在即将购买之际立刻打消了购买这款新车的念头。这样的情况在销售过程中会经常发生。事实上，这是经销商在营销管理方面处理得不好。

## 模块二　汽车售后服务管理

随着汽车保有量的不断增加，让每个消费者满意成为汽车生产企业的发展目标，也是经销企业生存的一大法宝。汽车售后满意度是指消费者在汽车特约店接受服务后对特约店工作的满意程度。汽车售后服务满意度往往包括对汽车4S店的环境、接待人员的接待、等待时间、维修质量、收费是否满意等。

### 单元一　汽车售后服务的重要性、价值和流程

#### 一、汽车售后服务的重要性

第一辆车是由销售人员卖出去的，而以后的车则是通过良好的服务卖出去的。据统计，销售一辆车后所带来的利润是单纯新车销售利润的7倍，售后收益最大，并且通过口碑传播、朋友介绍还将会带来新购车顾客和维修顾客的延伸收益。这就意味着各个汽车品牌一方面依赖于整车销售，而另一方面有赖于良好的售后服务。汽车售后服务主要包括维修、保养、救援、信息咨询、保险、零部件和二手车交易等。

#### 二、汽车售后服务的价值

（1）汽车售后服务是汽车4S店或汽车经销商参与市场竞争的尖锐武器。良好的售后服务可带来良好的口碑，带来更多的消费者，而在企业竞争中谁能拥有更多的消费者谁就是胜者。因此，良好的售后服务可以稳定业绩，增加收入。可以说，良好的售后服务是下

一次销售前的最好促销。

（2）汽车售后服务是汽车4S店或汽车经销商摆脱价格战的一剂良方。汽车行业高速成长，竞争格局进入白热化状态。为了求得市场份额的增长，生产厂家及经销商经常通过价格战吸引更多的消费者，行业平均利润率持续下滑。而导入服务战略是彻底摆脱这一不利局面的良方，企业可以通过差异化服务来增加自己的产品价值。

（3）良好的售后服务是树立企业品牌和传播企业形象的重要途径。

### 三、汽车售后服务的流程

汽车售后服务的核心过程是预约、准备、顾客接待、填制单据、汽车维修、质量控制、交付车辆、服务跟踪。其中，每个过程又都包括一系列的单个活动，如果汽车服务商不能达到每个活动的要求，顾客的满意度就会受到负面的影响。

1. 预约

预约是第一次与顾客接触，并且也是与顾客建立良好关系的机会。在预约时，售后部门人员应仔细聆听，记录顾客所有的要求、问题、车辆的细节等。

2. 准备

准备阶段需要各部门周密的计划，是否有配件、车间能力是否足够等。经销商成功与否、顾客满意度的高低在很大程度上取决于组织机构是否合理和是否有合适的人员委派合适的工作。

3. 顾客接待

顾客一旦进入服务商维修点，应当得到热情的接待。服务顾问应仔细倾听顾客的陈述，并与顾客一起检查车辆，记录顾客反馈的问题及期望，在任务订单上清楚地记录故障和已达成一致的修理项目，并提供价格信息。

4. 填制单据

服务顾问需将有关细节告诉车间技术维修人员，如故障、工作范围、配件号、顾客的愿望等，全面填写任务订单，另外如需要扩大任务订单需提前告知顾客。

5. 汽车维修

维修技工根据服务顾问填制的单据上所载明的故障部位开展维修工作。

6. 质量控制

一般来说，顾客期望对汽车需要维修的地方进行恰当的和有效的维修。如果有已经查明但没有修好的故障需要向顾客提出。

7. 交付车辆

根据承诺的时间准时交车，开具的发票应准确无误。

8. 服务跟踪

通过电话回访问顾客对提供的服务及对经销商的满意程度。电话回访有三个好处，首先可以感谢顾客的惠顾，其次可以了解是否从顾客的出发点完成了工作，再次可以发现服务过程中存在的不足。

如果有好的服务流程但没有素质良好的人员来执行，或者汽车服务商的某些情况阻碍了这些流程的贯彻执行，那么再好的流程也是不可能良好运行的。因此，汽车服务商要保证正确执行各个工作步骤且定期检查，评估及制订改善措施。

## 单元二　用户满意度管理

从汽车发展100年的历史来看，20世纪初是供方的要素起主导作用，如技术、制造、供应链、经销商网络等要素，但20世纪下半叶需方的要素已经变得越来越重要，包括价格、产品质量、用户满意度等。"留住已有用户，力争新用户"已成为企业生存必然的选择。现在发达国家企业的竞争已经是用户满意度的竞争，而在中国汽车市场，用户满意度已经开始影响品牌的竞争力，中国市场很快会进入用户满意度的竞争环节。提升用户满意度是留住顾客和防止顾客流失的有效手段。

### 一、用户满意度的含义

营销大师菲利普·科特勒指出，企业经营唯一不变的原则是满足用户的需求，因此将用户满意定义为：用户满意是指用户对一种产品可以感知的效果与他的期望相比较之后，所形成的愉悦或失望的感觉状态。也有管理学者认为用户满意是用户对产品购买与消费经验的评价和反应，它来自于用户的期望与所实际获得感受的比较，即工作表现减去用户期望值，只有实际获得的感受超越用户的期望值他才会满意。

用户满意度是一个变动的目标，能够使一个顾客满意的东西，未必会使另外一个顾客满意，能使得顾客在一种情况下满意的东西，在另一种情况下未必能使其满意。只有对不同的顾客群体的满意度因素非常了解，才有可能实现100%的顾客满意。也就是说，"满意"并不是一个绝对概念，而是一个相对概念。企业不能留恋于自己对服务、服务态度、产品质量、价格等指标是否优化的主观判断上，而应考察所提供的产品服务与顾客期望、要求等吻合的程度如何。

### 二、用户满意度的价值

保持顾客的长期满意度有助于顾客关系的建立，并最终提高企业的长期盈利能力。据调查，93%的CEO认为顾客管理是企业成功和更富竞争力的最重要的因素。有专业的调查公司把所有在1999年到2004年进行过用户满意度调研的上市公司划分成三组，分别是用户满意度上升、用户满意度保持稳定、用户满意度下降。用户满意度上升的公司，股东权益主要是股票价值增加52%，用户满意度保持稳定的股东权益增加了21%，用户满意度下降的股东权益下降了28%。可以看出，随着用户满意度的上升，股东权益增加。哈佛商业评论在1990年10月至12月《零缺陷——服务业质量》发现，随着用户同公司关系的延伸，利润也随之增长。研究表明，用户忠诚度提高5%，在不同行业里利润都会有不同程度的显著增加。该报告指出顾客忠诚度提高5%，利润的上升幅度将达到25%～85%。一个非常满意的顾客的再次购买意愿将6倍于一个满意的顾客。

### 小知识

"汽车后服务市场"是指汽车从经销商出售给顾客的那一刻起，直至该汽车报废送至回收站之前，为该汽车提供的全过程的各项服务，包括车辆养护、维修、配件更换、装具添置、清洗加油等。

另外，提升用户满意度是留住顾客和防止顾客流失的有效手段。据统计，2/3 的顾客离开其供应商是因为顾客关怀不够。而开发一个新顾客的成本是保留一个老顾客的 5～10 倍。现在很多汽车厂家已经把用户满意战略纳入公司整体战略的一部分。

### 三、顾客期望值管理

顾客到经销商处购车通常希望：感受到受欢迎、受尊敬、受重视和受到充分关注，如擅于倾听顾客的声音、对顾客反映的事实负责并采取行动等；由专业人士来接待他们；提供更简单、快捷和有价值的服务；能够重视用户的时间并兑现承诺；所提出的要求、疑问和电话接听回应迅速；得到回访关怀等。

顾客不希望：时间浪费在一些无关紧要的事情上；销售人员彼此推托，问题不能及时解决；不能及时获知信息或信息经常变化；不希望有压力或被工作人员操控；不希望有侮辱、牵强、胁迫、怠慢、无礼或粗鲁的言语与行为的购车体验；不希望被认为是无知或没有文化等。

当实际情况高于顾客期望值，顾客会觉得他得到了优质的服务，并为他下次光顾打好基础；当实际情况和期望值基本相符，他基本可以接受，在没有竞争对手的情况下还可以留住顾客；如果实际情况低于期望值，有可能意味着顾客的流失。

所以，服务人员要了解顾客的期望值，当发现顾客的某些要求完全无法满足时，应该帮助顾客认清哪些是最重要的，去设定顾客最有可能实现的比较现实的期望值。当满足不了顾客期望值时，首先承认顾客期望值的合理性，然后告诉顾客为什么现在不能满足。服务人员应该从始至终都保持一种态度，就是你一直以来都非常想帮助顾客，你也认同顾客想法的合理性，但你还是无法满足顾客的期望，这种态度对顾客的感受是很重要的。为顾客提供更多的信息和选择，帮助顾客设定期望值，并最终达成协议。

## 单元三　顾客投诉处理

顾客抱怨和投诉如果妥善处理可以维护用户的正当利益，恢复用户的信任感，提高用户满意度，提升企业形象。而一旦处理不当，则影响品牌形象甚至可能会形成品牌危机。

### 一、投诉服务管理理念

#### 1. 投诉表明信任

投诉对顾客来说也是有成本的，顾客投诉表明顾客对企业寄予了改善的希望，是对企业的一种信任和依赖。大量的实证调查显示，90% 以上的不满意顾客从来不进行投诉，因此"投诉量少"未必"顾客感知好"。面对顾客的投诉，厂家或经销商应该抱着欢迎和鼓励的态度。

#### 2. 投诉展现机会

顾客投诉使厂家或经销商能够及时发现产品、服务及管理中存在的问题。发现问题是成功解决问题的基础，因此，顾客投诉为企业提供了不断完善自我的机会。同时，处理好顾客投诉也是企业提升顾客满意度和忠诚度及展示自身良好形象的机会。

#### 3. 投诉产生价值

顾客投诉是市场信息来源的重要部分，除了可发现自身存在的问题外，更能直接地了解顾客的喜好、竞争对手的状态等市场信息。例如，IBM 公司 40% 的技术发明与创造都来自顾客的意见和建议。因此，要充分挖掘顾客投诉的价值，从投诉中挖掘出"商机"，寻找市场新的"买点"，从顾客投诉的经营中为企业带来财富。

由于投诉服务管理工作几乎涉及公司的所有部门，作为业务流程的最末端，投诉问题的推动与解决通常存在涉及环节多、沟通协调难的特点，可能牵一发而动全身，因此，投诉服务管理的理念必须得到企业最高管理者的认可和积极推动，否则如果只是由某个部门发起的投诉服务管理体系的构建、优化和改善工作都势必困难重重。

### 二、顾客投诉的原因分析

汽车经销商常遇到的投诉事件有产品质量问题或售后服务问题、承诺未履行、交车日期未能满足要求、新车的品质差、销售人员夸大产品性能、服务态度不好，以及维修费用较高、工时费太高、索赔项目太少、车辆油耗太高、备件供应时间太长、配件拖延或缺货、配件价格高，或者配件库存量太少、交车后没人理会、反映车有问题没有人解决等。产品的质量问题是不受经销商或维修站控制的，但维修质量、服务质量等则是经销商可控范围。

顾客不抱怨和不投诉并不代表就是满意的顾客，调查表明，96％的顾客遇到问题不会投诉，也就是说每一个投诉的顾客背后隐藏着24个沉默的顾客。有些顾客不知道如何去投诉，或者不知道向谁投诉；需花费太多的时间、精力成本，不值得投诉；甚至有顾客认为公司不会有反应。据国外资料显示，54％的成年人认为当对大公司的产品或服务不满意时，投诉是没有用的。

而据资料统计，抱怨问题没有得到解决的顾客中19％的顾客还会再次购买；而抱怨得到解决的，54％的顾客会再次购买；如果抱怨很快得到解决，82％的顾客会再次购买。所以说，抱怨并不可怕，关键是如何对待和处理。

### 三、处理投诉的原则和机制

处理投诉应遵循这样的原则：先处理心情，再处理事情；不回避，第一时间处理；找出原因，界定控制范围；必要时让上级参与，运用团队解决问题；不做过度的承诺，寻求双方认可的服务范围，争取双赢。

面对顾客的抱怨或投诉时，经销商应鼓励顾客表达看法，认真倾听并表示关心，认同顾客的感情，但同时应避免提升顾客的期望值，总结确认顾客的问题，然后解释将采取的行动，最后感谢顾客，并进行跟踪确认。

#### 1. 投诉管理

投诉管理的职责主要包括带头推动建立公司层面的投诉服务管理机制，制订完善的顾客投诉管理办法和投诉处理流程，指导并监督各层面的顾客投诉处理工作，协调推动重大疑难热点投诉问题的解决和整改等。投诉管理的负责部门最好是企业最高管理者直接分管的部门，或者由售后服务部门兼管负责，以保证各种投诉服务管理机制和流程规范的落实，以及在面对重大投诉问题时能够迅速有效地调动各方资源和协调各部门之间的关系。

#### 2. 投诉受理

投诉受理的职责主要是通过各种渠道受理顾客的投诉，如通过热线电话、服务接待台、电子邮件、网站等。目前，汽车经销商的投诉受理多由售后部门来负责，但关键是需要企业最高管理者的关注和重视。

### 3. 投诉处理

投诉处理工作最好由售后部门首先负责，因为他们可以做好相关问题的预处理和顾客安抚工作，并由相关人员协同参与完成。对于客服端的投诉处理人员组织设置，汽车经销商需要重点考虑两个方面来进行分组：①顾客价值的高低，这可以根据顾客所选择的产品或其他属性来确定；②顾客投诉问题的类型，以此来体现投诉处理服务模式的差异化和专业化。理想化的模式是结合两个方面，根据顾客价值的等级和投诉问题的类型两个维度，分别设立相应的专席处理人员。

### 4. 回访处理

投诉处理结束后，经销商应对顾客进行回访，投诉过的顾客，今后还可能是你的顾客，请他谈谈对改进后的服务的看法，听听顾客对整体服务的意见和建议是很有效的做法。投诉回复主要包括投诉处理过程的阶段回复、处理完毕后的即时回复及事后的回访。通常，投诉回复也多由售后服务部门来负责，以形成投诉处理的闭环，见表7-3。

**表7-3 顾客投诉管理表**

| 投诉问题 | | | | | |
|---|---|---|---|---|---|
| 受理编号 | | 受理日 | | 完成日 | |
| 用户 | 姓名 | | | 性别 | |
| | 职业 | | | 电话 | |
| | 地址 | | | 邮编 | |
| 投诉人 | 姓名 | | | 性别 | |
| | 职业 | | | 电话 | |
| | 地址 | | | 邮编 | |
| 故障发生日 | 车名 | 车型 | 识别码 | | 发动机号码 |
| 年　月　日 | | | | | |
| 行驶距离 | 牌照号码 | 购买日期 | 保修登记日期 | 销售方式 | 经销商名称 |
| | | | | | |
| 情况概述 | | | | | |
| 要求 | | | | | |
| 被害人 | 1. 无　2. 死亡　3. 重伤住院　4. 受伤治疗　5. 受伤无治疗 6. 自身物损　7. 自身外物损 | | | | 注 |
| 第三者参与 | 1. 无　2. 警察　3. 消防　4. 质检局　5. 鉴定机关　6. 律师 7. 媒体 | | | | 注 |
| 月　日　时 | 担当 | 详细内容 | | 服务/销售经理 | 总经理 |
| | | | | | |
| | | | | | |
| | | | | | |
| | | | | | |

### 四、投诉的预防、控制与改善

#### 1. 投诉的预防

投诉的事前预防就是根据不同投诉问题类型产生的原因，有针对性地分别建立起相应的预防措施，及时识别和发现引起顾客投诉的潜在因素，以采取迅速有效的预防及应急措施，防止或减少新的投诉发生。例如，提高维修技术，做到一次修好，在约定的时限内准时交付；执行适当的价格政策，并尽量透明化，消除顾客在价格上的歧义；常用零部件准备充分，减少待料时间；所有维修项目均要得到顾客的书面认可；服务流程专业化、标准化、制度化；做好员工的培训，提高服务意识，对待顾客热情、周到、关怀并尊重顾客的感情；告诉顾客的都是真实的，不做不切实际的承诺；有隐患要及时通知顾客；及时跟踪回访，保持与顾客的信息沟通；视顾客为公司的利益所在，切实追求高的顾客满意度；与媒体保持良好关系，预防某些个案影响面的扩大。

#### 2. 投诉的事中控制

投诉的事中控制是能否处理好投诉问题、影响顾客投诉满意度的关键。为有效地做好投诉的事中控制，经销商可以重点考虑建立如下机制。

（1）授权机制。投诉处理的授权就是明确顾客服务部门各层级投诉处理人员所享有的权限，适度的授权能够更好地快速响应顾客需求，提高投诉现场解决率，提升顾客的满意度。常见的授权内容主要包括赔偿、赠送、问题解决、书面道歉等。当然，授权的程度取决于经销商对外服务承诺的水平，同时也要考虑因授权引起的管理成本，所以需要权衡授权的程度大小。

（2）联动机制。投诉处理需要客服部门与各专业部门之间建立起高效的联动机制，可考虑通过绩效驱动的压力传递，将各项投诉管理指标合理分解到相关部门。例如，对于客服部门，可以直接将顾客满意度作为其考核的主要指标；而对于财务、行政等部门，可将客服部门的评价（如相关部门对问题回复及时率、问题回复满意度等）和顾客满意度同时作为其主要考核指标，以使客服层面能够得到高效的支撑，确保投诉问题得到及时处理和回复。

（3）升级机制。投诉处理的升级机制主要是根据顾客投诉性质及投诉问题情况的不同，分别建立起紧急升级流程，以确保重要紧急投诉、批量投诉、疑难投诉等问题得到快速响应。例如，针对 VIP 顾客或大顾客投诉，可考虑建立绿色服务快速处理通道；针对因某一原因引发的影响面较广的批量投诉，可考虑建立企业内部的预警通报机制；针对难以定位问题原因的疑难投诉，可考虑建立跨部门的联合会诊机制。

#### 3. 投诉的改善

投诉的改善是推动投诉问题得到最终解决并做好投诉事前预防的重要环节，其中做好严谨的事后分析是前提，建立完善的问责机制是关键，做好顾客的后续回访是根本。

（1）分析机制。面临汽车市场环境、顾客需求和汽车产品的不断变化，厂家及经销商需要建立起投诉事后的分析体系，可根据全面关注和专题分析相结合的方式，寻找顾客投诉的热点和疑难问题，挖掘投诉管理和投诉处理的薄弱环节，并进行有重点、有针对性的改善。是员工的问题，则需要纠正、培训、督导；是流程的问题，则需要改进、规范程序；如果是产品的问题，则经销商一方面需要信息反馈，同时还要寻找对策。经销商可定期召开各部门领导参加的会议，分析投诉问题产生的深层原因，将投诉难点立为攻关项目，提高企业的快速反应和持续改善能力。

（2）问责机制。投诉问题的事后问责机制主要是指对于相关部门因工作过错或疏忽而造成顾客大批量投诉或升级投诉，或者在出现顾客投诉问题后因处理不当而造成问题扩大，从而为品牌形象和企业形象带来重大负面影响或为企业带来直接和间接的重大经济损失的情况，在经过查证后，对相关部门直接责任人和主管领导给予过问或追究相应的责任，以提升企业各相关部门对顾客投诉问题的重视。

（3）回访机制。投诉问题的事后回访可通过认真分析有投诉历史的顾客特征，按照不同的投诉类型、不同的顾客分类、投诉时间，采用信函、电话、短信、上门等不同的方式进行，以收集有价值的顾客信息，更真实地了解顾客的需求和建议，从而不断提升服务水平。例如，企业可通过定期开展投诉顾客的满意度调查，了解企业的投诉渠道的方便程度、人员服务态度和能力、投诉处理时间、投诉处理效果等各环节存在的问题，以便持续改善。

随着汽车服务业的不断发展，服务理念也应与时俱进。市场竞争日益激烈，汽车4S店要想保住自己的地位，建立多元化的汽车售后服务是提高客户满意度的正确途径。针对我国汽车用户对车辆维修服务普遍关心的问题，建立让顾客享受"质量安心、费用安心、修后安心、时间安心和紧急时安心"的五个安心服务，使服务内容明确到每个细节上，把顾客关心的问题贯穿整个服务当中，才能建立真正有效的顾客服务体系。有效提高顾客满意水平，维系顾客忠诚，是建立优质顾客关系管理系统的关键。

## 【章末阅读】

### 互联网＋后市场服务：前仆后继迎发展

2015年，站在互联网风口之上，是整个汽车后市场领域最为疯狂的一年。在这一年，从广为人知的滴滴出行、Uber、神州专车，到一嗨租车、瓜子二手车、优信拍，再到后来冒出来的蔚来汽车，无不体现着互联网时代大金融＋大数据＋大手笔的特征。但是汽车企业的服务最终将体现在客户满意度与忠诚度上。

随着时代的节奏快发展，在原本相对简单的汽车维修、保养、装饰、美容、配件、用品、二手车、保险、救援等汽车后市场概念中，又融入了不少新发展或衍生出来的概念，如互联网维修、互联网保养、互联网洗车，甚至是人与车的体检、汽车电影院等，从其所创造价值的模式来看，当然都可以归入汽车后市场领域之中。

其实，无论涉及汽车后市场当中哪一细分领域，都有其相对专业的特征，并不是随随便便一个什么移动"互联网＋"或APP平台就能搞定的。就以最为简单的互联网上门保养为例，从专业工具、设备，到专业程序、专业场所，这些并不是用一个流动的保养车辆就全能解决的。就以上门保养的场所来说，即使是因为自然天气原因所形成的障碍，在上门保养过程中也会形成很大的困难，更不用说由于专业设备能力问题所带来的困惑了。

正如弼马温CEO杨俊则所说，上门保养最大的门槛，不是技术上的，而是管理上的。说得再大点儿，上门保养的核心竞争力包括配件供应链管理、线上和线下的互动能力、推广营销能力，以及人员的培训和管理能力等。从一辆车到数十辆、数百辆车、上千辆车，是不是每一辆车的保养都能维持一致的标准操作和质保水平，正是移动互联网上门保养所要解决的问题。而所有这一切，最终将体现在服务质量上，体现在客户的满意度与忠诚度上。

另一方面，诚信、共赢将成为汽车后市场新常态。以当前热炒的2015互联网+汽车十大投资案例来看，明显以涉及后市场的领域居多，反映出当前"互联网+"的风口方向。

例如，2015年排在第一位的滴滴出行，作为国内知名的打车平台，滴滴出行从一款单纯的打车软件，经过不到五年的快速成长，如今已发展成为涵盖出租车、专车、快车、顺风车、代驾及大巴等多项业务在内的一站式出行平台。

2013年5月底，滴滴在打车APP市场份额已占第一位。2015年2月，滴滴打车与快的打车合并，合并后在出租车市场占有率达99.8%。目前，滴滴出行的各项业务已进入400个城市。

而出身于美国的Uber于2014年7月才正式进军中国市场，目前已在专车市场拥有超过15%的市场份额，并开通了国内40余个城市的业务。随着最近一轮融资的完成，广大专车用户将能看到Uber进一步发力中国市场的身影。

而另一家移动共享平台大户神州专车也不甘寂寞，在2015年年初即成立采用"专业车辆，专业司机"的B2C运营模式，车辆均为神州租车的租赁车辆，而驾驶员则来自于第三方驾驶员租赁公司。最新数据显示，神州专车业务范围已进入66个城市，到2015年第三季度，神州专车的覆盖率已超过13%，略低于Uber。

与大手笔"烧钱"的打车等共享移动互联网平台一样，各种汽车维修、汽车配件、汽车保养移动互联网平台也如雨后春笋般在全国各地冒了出来，如诸葛修车网、有壹手快修、卡拉丁、车极客、百车宝等。

在经济新常态下，以大数据+诚信+正品汽配为主要内容的移动互联网+汽车后市场服务企业，未来可能将改写中国汽车服务市场的生态。信任、透明、公平、共赢将成为未来中国汽车服务市场的新常态。

（资料来源：中国工业报汽车周报，2016年3月）

# 第二部分  项目实施

## 环节一  情景引入

### 汽车售后市场掀起新一轮电商潮

在2015年5月，上海通用集团旗下别克品牌入驻天猫，首次推出网上售后服务项目，开创了汽车品牌售后服务走向电商化的新模式。无独有偶，从7月7日起，上汽乘用车推出的售后服务产品"Happy Hour"在天猫上线，车主可登录天猫上汽乘用车官方旗舰店直接下单，以较实惠的价格享受原厂各类保养服务。短短两个月的时间，两大汽车集团针对目前电商大量推出便捷优惠的网上售后服务项目，将线上预约、优惠价格、专业保养直至售后服务连成一线。在各种模式的汽车电商市场应运而生时，汽车售后市场也刮起了电商潮。

天猫线上价格比4S店便宜10%以上。车主登录上汽乘用车天猫旗舰店后，可以根据实际需求，选择包含机油、机滤和工时费在内的基础保养，也可选择刮水器更换等季节性保养产品，所有项目均为原厂专业保养，并享受售后服务。

"这个网上售后服务项目最吸引人的就是其线上价格比4S店优惠10%以上，而且车主还可根据自己的时间预约保养，体验量身定制的服务。"上汽乘用车相关负责人表示，目前网上的"Happy Hour"服务车型已涵盖新款MG3，以及荣威350和荣威550，服务范围覆盖上海14家经销商，后期将逐渐增加更多服务车型和地区，逐步扩展至全国。

随着网络销售的发展，越来越多的汽车品牌纷纷尝试网上销售，但推出专业的售后服务产品进行线上销售的还是少数，未来这样的模式将成为一种趋势，为消费者提供更完备的售后服务体验。上汽集团、东风集团等大的汽车集团纷纷宣布进军汽车销售电商领域，网购汽车已逐步成为风潮。

"通过这样的人性化服务，同时给出价格实惠的保养维修项目，一个重要的原因是为了让更多的车主回到4S店进行保养维修。"上汽乘用车相关人士表示，现在很多车子一旦过了保修期，往往由于价格因素而到一些修理店去保养维修，分流了4S店的一部分客源。现在厂家能够推出这样的售后模式，也为困境中的4S店开辟了新的增收渠道。

除了汽车品牌以外，现在轮胎、润滑油、火花塞等各大汽车零部件商在淘宝、京东等处开设了官方旗舰店，迎合当下年轻时尚人群热衷网购的喜好，同时也通过与电商平台的直接互通，使传统经销商获益于新兴渠道。

## 环节二 任务设计

任务一：仔细阅读《互联网+后市场服务：前仆后继迎发展》一文，谈谈你对汽车后服务市场的看法，写成小论文，3000字。

任务二：结合情景引入案例中的内容，试用"互联网+"的思维看电商潮。

任务三：制作PPT，并进行讲解。

任务四：角色扮演并模拟售后服务中的关键环节。

## 环节三 项目考核（表7-4）

表7-4 项目考核

| 考核类别 | | 考核指标 | 考核等级 | | | |
|---|---|---|---|---|---|---|
| 过程考核 | 通用技能 | 交际表达，团队合作 | □及格 | □中等 | □良好 | □优秀 |
| | | 数据分析，市场敏感 | □及格 | □中等 | □良好 | □优秀 |
| | | 创新能力，数据收集 | □及格 | □中等 | □良好 | □优秀 |
| | 专业技能 | 产业趋势，市场预测 | □及格 | □中等 | □良好 | □优秀 |
| | | 顾客管理，工具应用 | □及格 | □中等 | □良好 | □优秀 |
| | | 竞争分析，创新策略 | □及格 | □中等 | □良好 | □优秀 |

（续）

| 考核类别 | | 考核指标 | 考核等级 |
|---|---|---|---|
| 结果考核 | 分析报告 | 专业用语，文笔流畅 | □及格 □中等 □良好 □优秀 |
| | | 市场把握，分析透彻 | □及格 □中等 □良好 □优秀 |
| | | 逻辑缜密，结构完整 | □及格 □中等 □良好 □优秀 |
| | PPT制作 | 构图雅致，层次感强 | □及格 □中等 □良好 □优秀 |
| | | 文字凝练，重点突出 | □及格 □中等 □良好 □优秀 |
| | | 图文得当，画面清晰 | □及格 □中等 □良好 □优秀 |

## 环节四 任务评价

1. 针对学生完成的"互联网+"作业，评价其现实意义。
2. 互评各组发言人的个人及团队表现。
3. 教师总结、评分。

## 环节五 课后作业

收集和整理某汽车品牌在处理客户投诉与异议的策略和技巧。

# 项目八

## 汽车营销新机会

**知识目标**

掌握　未来汽车趋势　大数据营销　互联网+体验营销　互联网+事件营销　服务营销内容

**能力目标**

能够　把握汽车发展　运用大数据　策划体验营销　策划事件营销　做好服务营销

**素质目标**

具备　口头表达能力　团队协作精神　创新能力　严谨工作态度　持续学习能力

## 【开篇阅读】

### 谷歌：科技让梦想照进现实

2012年3月3日，谷歌执行董事埃里克·施密特发表预测称：技术的飞速进步将很快把科幻小说中的场景变成现实。这意味着人们将拥有无人驾驶车、受控机器人，以及体验足不出户便可身处异境的新鲜感受。施密特谈道，网上图书、在线翻译和计算机语音识别，这一切的发展比任何人预想的要快得多。而这些闻所未闻的技术进步正如电影快速剪辑一样急速推进着。

"那些预测全息影像和自驾车将很快成为现实的人，是绝对正确的！"在巴塞罗那世界移动通信大会上，这个星球最大的手机贸易展上，施密特对成千上万的与会者讲道。

施密特自卸任首席执行官后，一直以该公司首席代表的身份活跃在公众视线中。作为首席执行官，他很少像在巴塞罗那那样明确地表达长期愿景。但他并未提及他的老东家，这个以网络广告赚钱的公司，将如何受益于他的前瞻性看法。

施密特表示，正在进行的研究将可能会让如下情况变成现实：人们把自己置于摇滚音乐会中。人们能够看、听，甚至感知。如果嫌声音太大，还可以调低音量。

一位与会者表示恐怕这可能不太人性化。施密特把手机举到半空回答她。

"这里右侧有一个开关按钮，"施密特说，"我的观点是，它完全在你的控制之下。你若不喜欢我钟爱的摇滚音乐会形式，我不会强迫你去的。"

当忙碌的人们不需要实时出现的时候，视频和语音传输之类的事完全可以让小型机器人来完成。施密特讲道："未来，你就能派机器人来完成所有事了。"

谷歌已测试无人驾驶汽车数年之久。施密特指出，美国的几个州早已制定了道路上使用无人驾驶车的规定。内华达州第一个提出要在国家公路上测试无人驾驶汽车的同时，这项技术前进了一大步。

7月，内华达州州长布赖恩·桑多瓦尔甚至乘坐自驾车丰田普锐斯进行测试。谷歌正在研发的自驾车使用了雷达和传感器装置，让它拥有了"看到"道路、其他车辆和行人的能力。人类驾驶员完全驾驭得了那些自动驾驶功能。

施密特表示，谷歌的自动驾驶汽车行程超过322000km。

"网络将变得万能，但它将是什么？"他说，"比如电力一样，它就在那儿。"

人类最终将能使用虚拟现实技术到达摩洛哥马拉喀什或朝鲜这样的地方。就像施密特所说："只要有的选。"

施密特把这种新的互联方式比作能把人们聚在一起的"数字酒吧"。尽管他承认，互联能力薄弱的发展中国家人民要想加入进来会任重而道远。

施密特说："信息来自权力，而权力来源于人民的选择，聪明机智的市民会为社区谋求更好的境况。"

（资料来源：福克斯新闻网）

# 第一部分　知 识 模 块

正如谷歌无人驾驶汽车的研发，未来汽车产品的发展方向是超乎想象的，同样传统的营销方式也面临着挑战。作为市场总监，必须时刻了解未来科技的发展，能够预测汽车产品的发展趋势，随时应对市场变化，并能洞悉消费者的消费心理，更新营销方式。

对于传统的汽车营销，有很多种方法促进销售，常见的有展览会、样品、有奖销售、折扣和大量购买时给予优惠等多种方式。这些措施的共同特点是可以有效地吸引客户，刺激购买欲望，因而促进销售的效果显著。这些手段的不足之处在于，这些方法长期使用往往会引起消费者的反感，容易造成消费者对企业的误解，如长期采用降价、有奖销售等方法就容易形成这种影响。本项目要探讨的是，除了一般促销方式外的一些新的促销手段，主要有大数据时代的营销、体验营销、信息技术在营销中的应用。

## 模块一　汽车发展的新趋势

随着汽车产业的发展和人们对驾驶体验要求的提高，越来越多的汽车企业开始涉足汽车智能化领域，将尖端的 IT 技术运用到汽车上，使汽车的操作更简单，行驶安全性更好。自 2007 年以来，汽车产业领域超过 90% 的创新都与汽车智能化系统相关，智能化是未来汽车发展的趋势。汽车智能化被认为是汽车技术发展进程中的一次革命，是夺取未来汽车市场重要而有效的手段。未来的智能汽车是什么样的？

### 单元一　走在科技前沿的企业研发

#### 一、谷歌无人驾驶汽车

谷歌公司的无人驾驶技术一经报道，便引起了全世界的瞩目。2014 年 4 月，谷歌公司公布了谷歌汽车的最新消息，目前其研发的无人驾驶汽车已经取得了新的进展，可以应对复杂的城市街道路况。谷歌无人驾驶汽车项目作为其"登月"研究计划的一部分，在 2009 年正式推出，并在装载 24 个传感器的多部雷克萨斯 RX450h 车中进行了上路测试，总里程已经达到了 70 万 mile$^{\ominus}$。谷歌公司还表示，为应对繁忙的市区街道情况，谷歌的无人驾驶车辆软件中更新了更多的对象，诸如行人及骑自行车者，这样汽车就可以智能地对

---

$\ominus$　1mile（英里）=1.609344m。

他们做出理解和反应。此外，车内装载的传感器也可以对路标做出正确的回应，如看到"停止"的标志牌，汽车就会马上停下。

## 二、英特尔搭载自家处理器的无人驾驶汽车

2014年5月，英特尔物联网集团企业副总裁道格·戴维斯在新闻发布会上表示基于英特尔的产品，无人驾驶汽车将搭载高性能处理器和Tizen操作系统，汽车将具备互联网连接功能并可以向外拓展。戴维斯表示，基于英特尔平台的无人驾驶汽车将具备与谷歌展示的无人驾驶汽车类似的功能，包括避免事故的能力、有人躺在车轮下或汽车偏离路线时发出提醒，另外还可以显示实时交通或日程信息。

英特尔将同时专注于芯片和软件，另外还会进行一些投资和先进技术的研究，旨在使无人驾驶汽车的信息更加准确，更能提供帮助，并最终控制汽车。"无人驾驶汽车已经整合了更多的娱乐和导航，"戴维斯说，"它们的联网功能需要更加强大，这样我们才能从汽车上导出数据，知道我们如何运行汽车，如何添加更多的自动驾驶功能。"

英特尔在2012年成立了一个汽车技术基金。到目前为止，该基金已经投资了无人驾驶开发商ZMP、数据聚合与云服务公司CloudMade、安全平台提供商Mocana，以及眼球追踪研究公司Tobii Technology。

英特尔最开始将专注于驾驶员辅助产品，随着安全系统的成熟，逐渐转向无人驾驶汽车。戴维斯表示，英特尔的理念是让汽车适应我们，而不是反过来让我们适应汽车。英特尔表示，2014年第一季度，受益于现有车载娱乐系统的强劲需求，物联网集团实现营业收入4.82亿美元，同比增长32%。英特尔技术也已经应用于宝马Navigation System Professional、英菲尼迪Q50款的InTouch娱乐系统，以及2015款现代劳恩斯的驾驶员信息系统。

## 三、丰田正在研究悬浮汽车，匹敌高铁运行速度

随着私家车的日益增多，城市道路也变得越来越拥挤，交通堵塞早已司空见惯。但是丰田公司的研究可能会在未来解决这一问题。2014年6月，丰田公司技术管理部门负责人HiroyoshiYoshiki表示，该公司研发部门正在研究一个"创意"：让汽车脱离路面行驶，以此来提升汽车前行速度。这种"飞天"汽车并不是指能够在三维空间中随意飞行，而是提供一种能消除汽车与路面之间摩擦的方法。当被问及丰田是否会开发一款飞行汽车时，Yoshiki笑道："这项工作还处在早期阶段。"

不过，有了这样的概念和理想，未来汽车的发展可能超越消费者的想象，这也是众多汽车企业都在努力的方向。作为汽车市场的高级管理人员，必须从众多的汽车研发方向中找到消费者的购买愿望。

## 单元二　未来汽车技术的发展趋势

正如上文所述，各家汽车企业在汽车研发中投入了大量人力和财力，大多数的智能技术正逐步应用于汽车，汽车的智能控制技术主要有以下几种。

### 一、车辆动力学控制

车辆动力学控制（Vehicle Dynamics Cotrol）的缩写是VDC，该系统的作用是保持汽车在行驶（包括制动和驱动）时的稳定性。传统的ABS（防抱死制动系统）和TCS（牵引力控制系统）主要是对车轮上的制动力和驱动力进行控制，防止车轮出现过大的纵向滑移

率，以获得最大的附着力。

车辆动力学控制系统虽然也是控制车轮的制动力与驱动力，但它与 ABS 和 TCS 有很大的不同，其主要表现是可实现左右纵向力的差动控制，以直接对汽车提供横摆力矩，抵消汽车的不稳定运动（如在光滑路面上甩尾时的矫正作用）。该系统通过在汽车上安装的各种传感器，检测到汽车的速度、角速度、转向盘转角及其他的汽车运动姿态，根据需要主动地对某侧车轮进行制动，从而改变汽车的运动状态，使汽车达到最佳的行驶状态和操纵性能，增加了车轮的附着性、汽车的操纵性和稳定性。

### 二、智能速度控制系统

汽车智能速度控制系统的功用是在某些特殊路段或特殊行驶条件下对车速进行强制限制。汽车智能速度控制系统主要由电子控制单元和执行器组成。该控制系统工作时，需首先设定限制速度。例如，某区域的限速为 80km/h，可以将该速度设定为限速值。当车速未达到 80km/h 时，汽车智能速度控制系统不起作用；当车速接近 80km/h 时，电子控制单元启动执行器，限制加速踏板的行程，使汽车不能继续加速；当车速重新低于 80km/h 时，电子控制单元解除对执行器的控制，驾驶员又可以自由地踏下加速踏板使汽车加速。

智能速度控制系统限速值的设定，可以用选择开关设定，也可以通过接收无线信号设定（即接收道路速度无线信号切换或电子地图信号切换）：可以只设定一个值，也可以根据不同的路况，有多个档位供设定。

智能速度控制系统为智能化交通奠定了基础。例如，在高速公路上设置限速无线信号发射系统，交通管理部门就可以根据气候条件和路面情况及时调整限制车速，让道路更加安全畅通。

### 三、智能化设计

#### 1. 智能轮胎

汽车智能轮胎的功能是在汽车正常行驶时，当温度过高或轮胎气压太低时，及时向驾驶员发出警报，以防止发生事故；或者使轮胎在不同行驶条件下保持最佳运行状况，提高安全系数。智能轮胎一般都是通过在外胎内嵌入特殊的带有计算机芯片的传感器而获得智能的。传感器由车内的收发器控制，收发器利用无线电天线将无线电信号发射至传感器芯片，传感器芯片再将承载着温度和压力数据的电子信号发射至车内的收发器，收发器接收到该信号后便可取得温度和压力等数据，若出现异常情况能及时报警。

更为先进的智能轮胎还能感知光滑的冰面，探测到结冰路面后使轮胎自动变软，增大轮胎与路面的附着力；在探测到路面潮湿后，甚至还能自动改变轮胎的花纹，以防打滑。

#### 2. 智能玻璃

智能化汽车玻璃有许多种，包括防光防雨玻璃、电热融雪玻璃、影像显示玻璃、防碎裂安全玻璃、调光玻璃，以及光电遮阳顶篷玻璃等。防光防雨玻璃采用新材料及新表面处理方法制造，雨水落到玻璃上会很快流走且不留水珠，无须刮水器刮水。玻璃内表面反射性低，仪表板及其他饰物不会反射到风窗玻璃上，驾驶员视线不受干扰。具有影像显示功能的玻璃，是在风窗玻璃上的某一部分涂上透明反射膜，在膜片上可根据需要显示从投影仪传来的仪表板上的图像和数据，便于驾驶员观察，驾驶员在行车时无须低头察看仪表。影像显示玻璃如果与红外线影像显示系统配合，可使驾驶员在雾天看清前方 2km 左右的物体。光电遮阳顶篷玻璃则是在轿车行驶或停车时，能自动吸收、积聚、利用太阳能来驱动车内风扇，还可对轿车蓄电池进行连续补充充电。

### 3. 智能安全气囊

汽车智能安全气囊是通过在普通安全气囊的基础上增加某些传感器，并改进安全气囊电子控制单元的程序来实现的。增加的乘员质量传感器能感知座位上的乘员是大人还是儿童；红外线传感器能探测出座椅上是人还是物体；超声波传感器能探明乘员的存在和位置等。安全气囊电子控制单元则能根据乘员的身高、体重、所处的位置、是否系安全带及汽车碰撞速度和碰撞程度等，及时调整气囊的膨胀时机、膨胀方向、膨胀速度及膨胀程度，以便使安全气囊为乘客提供最合理和最有效的保护。

汽车制造商心目中的未来汽车将是一种能自动驾驶的汽车，它能指导驾驶者避开交通拥挤路段和出事地段，同时提供丰富的网上娱乐。美国一家国际汽车经济研究所的调查报告指出，下一个汽车销售阶段将从智能化汽车开始。

### 4. 自动车门

如果你丢了钥匙，没关系，钥匙也许很快就会过时。梅赛德斯公司正在开发一种电子开锁系统，能够在车主靠近车门的时候自动辨认对方。车主只要随身携带一张电子装置，将这一系统激活即可，当车主接触把手时，门可以自动开锁。

### 5. 智能化网络系统

截至2014年4月，至少有6家汽车制造商向市场提供可在车上上网的配套装置。通用集团已经在车上试用其 Onstar 系统，只要按一个键，说一声 Onstar（启动），系统便将一个手机拨号连接到服务器上。然后驾驶员可以用语音指令要求播放天气预报、新闻、体育和交通状况，或者发电子邮件。更令驾驶员高兴的是，由于网络家电的大量普及，还可在车上指示家中的微波炉开始工作，一回到家便可饱餐一顿。

### 6. 绿色能源

未来的智能汽车将启用绿色能源。其中，电动汽车将被消费者广泛接受。通用、福特、大众、戴姆勒－克莱斯勒、丰田、本田等汽车制造商都在积极研制可以利用无线电技术充电的小型电动汽车。电能将被转化成特殊的激光束或微波束，通过天线接收，人们不必停车补充能源就可以开车环游世界。

今后五年，中国企业的信息化将迎来新的发展高潮，信息化应用水平也会取得进一步突破，信息化的国际化发展趋势必将得到加强，信息系统选型的趋同化、系统数量的精简将成为不可逆转的趋势。中国汽车消费者对汽车的需求、理解和期望正在发生改变，其中主要表现就是更加智能化。汽车已经从传统的代步工具逐渐向信息平台、娱乐平台转化。

## 模块二　　汽车大数据营销探索

### 单元一　大数据时代的营销

Cortana 的预言是基于微软 Bing 大数据的，会综合考虑世界杯各支球队的过往比赛结果、比赛时间、天气情况、主场优势及其他因素，使用大量的博彩市场公开数据、民意调查、社交媒体及其他在线数据，利用大数据分析来判断每场比赛的结果。据说这一切都是用 Excel 来完成的。

与其说微软、苹果的语音助手软件掀起了世界杯"预测战"，不如说是掀起了大数据之战。大数据已经成为重要的战略资源，在新的互联网时代扮演着越来越重要的角色。基于大数据的网络营销已经成为营销的重要手段。

### 一、何谓大数据

最早提出"大数据时代已经到来"的机构是全球知名咨询公司麦肯锡。2011 年，麦肯锡在题为《海量数据，创新、竞争和提高生成率的下一个新领域》的研究报告中指出，数据已经渗透到每一个行业和业务职能领域，逐渐成为重要的生产因素，而人们对于海量数据的运用将预示着新一波生产率增长和消费者盈余浪潮的到来。

根据中文互联网数据研究资讯中心的定义：大数据是指那些用现代常规处理技术不能处理的海量数据，这些数据将成为传统计算可望而不可即的无用资源。大数据的数据量随着时间时时刻刻在不断增长，预计到 2020 年，每年都将产生 35ZB 的大数据。IBM 将大数据定义为"4V"，分别为数量巨大、种类多样、速度快及具有极大的价值。

### 二、大数据和网络营销

在网络营销中，其实大部分的企业根本不缺少数据，而是数据太多了难以处理。企业需要统计客户、市场、销售及服务信息，如果将这些数据综合起来，毫无疑问会是个规模巨大的数据，如何利用这些大量的客户数据、市场数据、销售数据及其服务数据等将成为一个巨大的挑战。现代网络营销技术则需要借助这些数据进行各种数据整合，最后得出一整套有益的大数据营销解决方案。

---

#### 小知识

#### 新浪和阿里合作的意义

2013 年，新浪宣布阿里巴巴占有新浪微博的部分股份，这标志着阿里巴巴正式将微博营销纳入自己销售体系的一个重要战略。第一感觉这两者不会有太大的联系，一个是中国最大的平民言论平台，一个是中国电子商务业的领头人，不过两者的收购与合并不禁让人联想了很多。其实，不管是线下营销还是线上营销，互联网上的种种转变表明了这是一个互联网开放的差异化时代，如新浪微博、QQ 圈子、浏览器偏好推荐、淘宝网向您推荐等新工具的产生。网络营销的营销方向趋于圈子化营销，如爱车一族和数码控等，而网络营销之间相互沟通的方式也趋向于互动。

---

### 三、汽车营销和大数据

2013 年、2014 年移动互联网高速发展，传统企业、互联网企业等纷纷加入移动互联网行业，促使移动互联网市场蓬勃发展的同时，市场竞争环境更加激烈，作为传统行业的汽车制造业也面临着挑战。"营销管理是艺术与科学的结合——选择目标市场，并通过创造、交付和传播优质的顾客价值来获得顾客、挽留顾客和提升顾客的科学与艺术。"其中，

"科学"的部分有赖于数据收集与分析和各种营销数据库的建立，汽车营销也是如此。汽车厂商的产品创新和营销创意，应建立在对顾客信息的数据收集和分析，以及大数据的应用中。通过大数据的信息分析，汽车厂商能够得到顾客对产品的使用评价，以及产品的设计问题回馈等信息，甚至可以为顾客量身定制汽车产品，实现真正的个性化营销。

### 四、大数据揭示汽车消费六大趋势

2014年4月24日，两年一届的北京车展开幕，开幕现场盛况空前，此次共有14个国家和地区的2000余家厂商参展。虽然车展热闹空前，但受限号、经济增速下滑等因素影响，我国汽车市场告别了此前的高速增长态势。百度数据研究中心发布了《2013年汽车行业研究报告》，从这个基于百度大数据平台的报告中，我们可以发现当下中国汽车消费者的六大消费趋势。

1. 网民对汽车信息的关注从计算机端向移动互联网转移，汽车营销进入移动互联网时代

百度大数据显示，在2013全年与汽车有关的搜索中，无线端搜索量占比为46%，无线端搜索量逐渐赶超计算机端，个别时间占比已超50%。2013年，大型的品牌广告主，尤其是汽车行业对移动互联网营销更加重视，很多汽车厂商都推出了自己的应用程序（APP），并通过手机与消费者进行互动。

2. 消费者对于汽车的关注视角多元化

在百度日均覆盖近千万汽车网民的搜索请求中，网友搜索最多的信息是汽车产品、品牌及价格。除此之外，产品安全、行业政策及新能源汽车的搜索指数增幅较大，诸如"断轴门"、新能源汽车、限购摇号等都成为网民关注的热点话题。单纯的品牌亮相已很难满足准车主的需求，诸如展现品牌的社会责任感等也成为汽车营销的重要组成部分。

3. 汽车市场将向三、四线城市下沉

大数据显示，从关注汽车人群的地域分布看，三、四线城市用户比例明显较高。近年来，北京、上海、广州等一线城市受到治堵政策、油价上调和停车难等问题困扰，牵制了其汽车市场的消费增长；而随着城镇化进程的加快，三、四线城市交通环境改善，居民收入提高，已经具备进入"汽车化"社会的消费能力与市场条件，成为未来一个阶段市场挖潜的重点和汽车企业角逐的主战场。

4. 进口车关注度提高

尤其是经济较发达地区的人群，网民对进口车的搜索关注度逐年提升。从地域分布来看，经济发达省份对进口车的关注度普遍较高，其中浙江、山东、广东位列前三。从年龄上看，关注豪车的人群中52%来自30岁左右的年轻人，其中82%为男性。

5. SUV（运动型多用汽车）的需求正在迸发

紧凑型车和SUV是网民关注的主力车型，2013年搜索关注度共计超过50%，其中，SUV以其更宽敞的空间及更强的性能越来越受到欢迎。根据中汽协统计，2013年全国共销售SUV 299万辆，同比增长49.4%，高于乘用车增速33.7个百分点。在未来，SUV市场将会进一步细化，紧凑型SUV这一新的细分市场将会形成。同时，低价、低油耗的小型SUV会有良好的市场空间。

6. 汽车品牌需要重视内容营销

互联网时代，一个汽车消费者会怎样去了解一个品牌？通过数据分析发现，网民搜索汽车相关信息后，有一部分会去搜索汽车图片，还有的会去关注百科和知道去了解车的相

关信息，同时还会去垂直类网站深入地了解汽车品牌。因此，每一个汽车品牌都需要构建一个完整的互联网内容传播网。

## 单元二 新技术条件下的营销

### 一、利用大数据，创新营销手段

大数据时代，汽车的营销正在经历传统到数字，产品到生活方式、价值观，广告到内容的演变。

#### 1. 利用大数据的商品关联挖掘营销

网络营销中的经典案例——啤酒与尿布。当啤酒和尿布摆在一起时，会使尿布和啤酒的销量大幅上升。超市经营者是在发现了这两者之间的关系后再探究原因的。因为，美国妇女很多都是家庭主妇，她们一般不自己出门采购，而是让丈夫下班回家后顺路去超市给孩子买尿布。同时，美国人又爱喝啤酒，于是买尿布的时候就顺便买了啤酒，这样使得尿布与啤酒形成了关联。因此，大数据挖掘的基础是发现各个数据之间的关联、关系。在大数据环境中单独的碎片数据再多也难以实现其价值。所以，推及至中国企业运用的时候，要对原有数据进行分析，建立起各个数据之间的联系，把各个方面的数据打通，如在手机号码、住址等方面寻找联系。

#### 2. 基于大数据的商品地理营销

分析网站交易数据，通过地理位置分析每个地方的人的爱好。例如，武汉人喜欢吃牛肉，而浙江人喜欢吃螃蟹，再针对这两个省的人采取不同的商品销售方式。

#### 3. 利用社交圈大数据分析，有效营销

利用人人网的朋友圈、QQ 好友圈及国外的 Facebook、Twitter 等，进行相应的社会网络营销。例如，人人网的朋友圈营销，2010 年蒙牛酸酸乳结合人人网的网络资源和现实的明星资源，在各高校展开了"酸酸乳——音乐梦想学院"活动，在鼓励年轻人追逐自己梦想的同时，提倡他们喝蒙牛牛奶，享受品质生活。同样，2013 年小米公司的红米手机发布，利用 QQ 认证空间在 QQ 好友里面的转发和传播，也让红米手机的销量远好于预期情况。还有社会网络营销的微博营销，2012 年"凡客体"大受追捧的同时，也让人感受到了微博营销的潜力。一些看似无心的举动，其实正是主办方基于大数据，对受众群体和社会化网络传播媒介的了解。例如，蒙牛的年轻、梦想，以及牛奶的品质生活很符合年轻人的口味。还有因为红米手机的价格不高，所以定位在二、三线城市消费者，而 QQ 空间在这个群体里有着很大的用户黏度。"凡客体"的火热，也是归功于微博的时效传播与个性化追求。

#### 4. 基于大数据的用户行为分析营销

分析用户的历史行为和习惯，进行相应的营销。例如，苏宁云商在收购 PPTV 后，自主研发了社交工具——云信。云信具有一定的分析能力，它能够将购买者的购买行为及其历史记录进行建模，并做一定的分析，为以后有针对性的网络营销提供基础。并且，云信通过基本的社交兴趣划分，找到企业所需要的潜在用户并对潜在用户投放商品广告，这样可以大大提高广告投放的转化率。例如，在"搜索行为"上，用户很多时候是直接表达自己的意图，如"离湖北经济学院最近的咖啡店在哪里？"苏宁就可以将商品"标签化"来吸引顾客。云信还可以基于用户海量的评论进行分析和挖掘，进而理解用户的意图。

5. 基于大数据的个性化推荐营销

大数据时代，数据来源于多媒体，广告从平面广告向声、光、电等技术融合的新媒体发展，很多在身边的例子都可以佐证，如现在微信、QQ、微博"查看附近的人"，有很多从事相关方面的营销，各种社会媒体已经成为网络营销的主战场。在社交媒体中，很多社区、论坛、微博等社交平台上，用户根据自己的兴趣爱好建立自己的社交圈和群，在自己的小圈子里，用户可以自己发布消息，这些产生的信息资源对广告企业来说，对洞察消费者心理尤为重要。个性化营销已经成为网络销售极其重要的组成部分，越来越多的商业分析工具通过各种个性化推荐算法实施有针对性的个性化营销。

6. 基于现代通信工具的大数据分析营销

例如，淘宝的量子恒道统计。量子恒道统计包括两方面，一方面是量子恒道网站统计，另一方面是量子恒道店铺统计。量子恒道网站统计主要为个人站长、个人博主、网站管理者、第三方统计等用户进行流量监控、数据分析，通过这些数据分析发现用户访问网站的规律，并做出相应的网络营销策略。而量子恒道的店铺统计是为淘宝旺铺设计的店铺数据统计系统。通过统计访问店铺的用户行为和特点，了解用户喜好，为店铺推广商品展示提供充分的数据证据。同样，微信营销在现代通信工具营销中也越来越重要，常用的做法有：①通过网站、微博，或者各种线下广告让用户扫描微信二维码；②查看附近的人，发掘附近人的兴趣爱好和生活习惯等，寻找目标客户群体。

**二、电子商务成为未来汽车营销的核心**

2014年7月，中国互联网络信息中心（CNNIC）发布《2013—2014年中国移动互联网调查研究报告》，报告显示，截至2014年6月，我国手机网民规模为5.27亿人，在整体网民中占比达83.4%。同时，数据显示：我国通过网上商店购买过商品或服务的消费者数量已增至8788万人，在线购物使用率为26%，并且呈明显的上升趋势。这说明随着互联网的普及，通过网上商店购物已逐渐成为中国消费者的生活方式。随着网上购物经历的增多，消费者已逐渐成熟起来，开始享受网上购物带来的乐趣。2011年，乐视作为新兴互联网行业成功冲击了我国传统的电视生产企业。未来，汽车制造企业将面临怎样的挑战，也成为众多汽车生产制造企业思考的问题。究竟谁将挑战传统的汽车制造企业，我们不得而知，但是我们知道的是，互联网已经成为不可阻挡的趋势，作为传统的制造行业，如果不能充分利用互联网的优势，就不能在新的竞争中获胜。

**三、智能手机开创汽车营销新领域**

截至2014年6月底，我国智能手机网民规模达4.8亿人，相比2013年2月增长了1.5亿人，在手机网民中占比达91.1%，智能手机成为我国移动互联网发展的重要载体。随着智能手机用户的逐渐触顶，未来我国智能手机增速将呈减缓趋势，进入稳定态势。

手机应用几乎覆盖了生活的各个方面，对社会生活服务的渗透进一步加大。例如，手机支付与消费者生活紧密结合，拓展了更多的应用场景，通过各类APP与社会服务广泛融合，如零售餐饮、生活缴费、大众理财等，带动移动电子商务高速发展的同时对手机网民影响程度加大。此外，手机地图、手机打车等移动应用与本地化服务相结合，成为连接线上和线下的重要平台，为手机网民的交通出行、娱乐餐饮带来较大便利，增加了手机网民对手机应用的使用黏性，加大移动互联网对社会生活服务的渗透力度。

利用智能手机开展汽车营销和推广，能够更加迅速地传递汽车消费信息和掌握消费者的消费动向。通过各类 APP 加大广告的投入，广告的投放也会更加精准。

## 模块三　　互联网＋体验营销

传统的体验营销主要是企业通过采用让目标顾客观摩、聆听、尝试、试用等方式，使其亲身体验企业提供的产品或服务，让顾客实际感知产品或服务的品质或性能，从而促使顾客认知、喜好并购买的一种营销方式。汽车作为在消费者日常生活中比较重要且一次性消费比较大的产品，汽车企业做好互联网式体验营销就尤为重要。

借助互联网，体验营销的内容变得更加丰富。互联网下的体验营销可以提供更好的产品展示方式和目标顾客体验形式。例如，借助 3D 技术，顾客可以通过汽车制造企业的官网浏览汽车制造的全过程，更好地了解购买汽车的特性。从早期中国本土车企简单地利用开网店等形式集客，到像吉利等自主品牌利用微信"打飞机"游戏等实现与更广泛人群的互动，再到最近上汽乘用车的全新互联网思维营销——MG GT "全城试爱"，中国自主品牌汽车在产品品质大幅提升后，开始确保营销工作也能够满足年轻消费者在功能和情感方面的诉求。互联网也为汽车企业的体验营销开启了新的模式。

### 单元一　体验营销的含义和类型

#### 一、体验营销的含义

体验营销（Experential Marketing）是指企业从消费者的感觉（Sense）、情感（Feel）、思考（Think）、行动（Act）、关联（Relate）五个方面重新定义，设计营销策略。此种思考方式突破了"理论性消费者"的传统假设，认为消费者的消费行为除了包含知识、智力、思考等理性因素以外，还包含感官、情感、情绪等感性因素。

体验式营销能够给消费者带来更加直接和深刻的感受，并且能够让消费者了解一款产品的优势并做出购买行为，这就是体验营销的根本目的，也是这一营销方式大行其道的根本原因。借助互联网，汽车营销的体验营销有了更多的方式和手段。例如，汽车销售企业开设体验营销网站；体验活动借助微博和微信进行宣传，扩大影响力，吸引消费者的眼球；试乘试驾活动在互联网进行广告宣传，扩大宣传力度等。

**企业实践**

**全新奔驰 E 级体验网站开启深度体验营销新模式**

当用户打开网站首页之时，映入眼帘的是全新 E 级轿车广告片的华美渲染，一个凝聚着欧洲璀璨荣耀的感官体验世界就此展开。网站架构基于全新一代 E 级轿车的诸多亮点和功能特性，分为与之对应的体验、性能、配置、聚焦、下载、购车和社区七大频道，并贯穿以清晰的信息脉络。

"体验""性能"和"配置"频道着重于从设计、舒适、安全、驾控等方面

**企业实践**

对全新一代 E 级轿车进行整体勾勒，并配以重点技术解读和服务信息，有助于用户迅速形成对全新一代 E 级轿车的整体感知。

### 二、体验营销的类型

由于体验的复杂化和多样化，体验营销的体验形式也非常多，归纳起来，大体上可分为五种类型。

1. 知觉体验

知觉体验即感官体验，将视觉、听觉、触觉、味觉与嗅觉等知觉器官应用在体验营销上。感官体验可区分为公司与产品识别、引发消费者购买动机和增加产品的附加价值等。

2. 思维体验

思维体验即以创意的方式引起消费者的惊奇、兴趣，以及对问题进行集中或分散的思考，为消费者创造认知和解决问题的体验。

3. 行为体验

行为体验是指通过增加消费者的身体体验，指出他们做事的替代方法、替代的生活形态与互动，丰富消费者的生活，从而使消费者被激发或自发地改变生活形态。

4. 情感体验

情感体验即体现消费者内在的感情与情绪，使消费者在消费中感受到各种情感，如亲情、友情和爱情等。

5. 相关体验

相关体验即以通过实践自我改进的个人渴望，使别人对自己产生好感。它使消费者和一个较广泛的社会系统产生关联，从而建立对某种品牌的偏好。

目前，很多汽车企业经常举办汽车体验活动，这些活动的目的，就是希望消费者能够亲身体验车辆，感受品牌文化，深入体会汽车高科技带来的领先优势，使消费者对汽车品牌及产品有一个全面、直观的了解。

为了适应互联网时代年轻消费群体被碎片化内容"切分"的生活方式，满足他们更随性和个性化的需求，以上汽体验案例为例，它改变了传统新车上市以大量广告投放来集客进店、试乘试驾的模式，创新地推出情景试驾模式，并联合拥有较强经销商资源的易车网推出了专属定制 APP，通过整合线上、线下资源，提供即时预约服务。"现在预约体验甚至要拼一拼'人品'，在北京，这项免费体验活动已经一车难求。"在北京 CBD 工作的 85后小荷向记者展示她抢车的经历，"看，5km 以内的车都被人占用了。"在成都，一位小伙子预约试驾后感觉车辆不错，直接开到 MG 的 4S 店，下了订单。

## 单元二　体验营销的操作步骤和实施模式

### 一、体验营销的操作步骤

1. 识别目标客户

识别目标客户就是要针对目标顾客提供购前体验，明确顾客范围，降低成本。同时还要对目标顾客进行细分，为不同类型的顾客提供不同方式、不同水平的体验。在运作方法上要注意信息由内向外传递的拓展性。

目前，我国汽车消费市场和发达国家相比，消费者还不太成熟。我国大多数消费者仍然把汽车看作是一种奢侈的商品，比较看重汽车的外观、体积、排量和品牌等表面特点，更多看重汽车消费给自己带来心理上的满足。但在市场比较成熟的国家，消费者购买汽车首先看重的是它的实用性。因为，汽车并不能代表其拥有者的财富或地位，所以消费者购买什么样的汽车主要考虑购买此车的用途，根据用途来选择车型。我国汽车市场中的消费者也日渐成熟，流行趋势日趋与国际接轨，很多车型世界同步上市，这就要求企业在识别目标客户方面应该下更大功夫。

2. 认识目标顾客

认识目标顾客就要深入了解目标顾客的特点、需求，知道他们担心什么、顾虑什么。汽车企业必须通过市场调查来获取有关信息，并对信息进行筛选、分析，真正了解顾客的需求与顾虑，以便有针对性地提供相应的体验手段，从而满足他们的需求，打消他们的顾虑。

3. 确定体验的具体参数

要确定产品的卖点在哪里，顾客从中体验并进行评价。让消费者具有对产品的知情权，这是对顾客最起码的尊重。目前，有些汽车经销商在销售过程中，比较片面地强调自己所售车型的优点，介绍产品时并不十分客观。这种现象对于日渐成熟的市场和消费者是不妥当的。甚至，个别经销商在向消费者介绍产品时有贬损竞争对手产品的现象。

4. 让目标对象进行体验

在这个阶段，汽车企业应该预先准备好让顾客体验的产品或设计好让顾客体验的服务，并确定好便于达到目标的渠道，以便目标对象进行体验活动。

5. 进行评价与控制

汽车企业在实行体验式营销后，还要对前期的运作进行评估。评估总结要从以下几方面入手：效果如何；顾客是否满意；是否让顾客的风险得到了提前释放；风险释放后是否转移到了企业自身，转移了多少；企业能否承受。通过这些方面的审查和判断，企业可以了解前期的执行情况，并可重新修正运作的方式与流程，以便进入下一轮的运作。

随着汽车技术的发展和同级产品差异性越来越小，价格以外的营销因素尤为重要。加强体验营销，使顾客对产品的认可度提高，是对体验营销最好的评价。

二、体验营销的主要实施模式

体验营销的目的在于促进产品销售，通过研究消费者状况，利用传统文化、现代科技、艺术和大自然等手段来增加产品的体验内涵，在给消费者心灵带来强烈震撼的同时促成销售。体验营销主要有以下几种实施模式。

1. 节日模式

每个民族都有自己的传统节日，传统的节日观念对人们的消费行为起着无形的影响。这些节日在丰富人们精神生活的同时，也深刻影响着消费行为的变化。随着我国节假日的不断增多，出现了新的消费现象——"假日消费"，企业如能把握好商机便可大大增加产品的销售量。

我国历史悠久，一年中有不少节日。尤其是近些年来，随着人们生活水平的提高以及国家对传统节假日休假制度的调整，除了春节外，劳动节、国庆节、端午节等节日也越来越受到人们重视。人们有在节日购物的习惯，所以，每年的长假前或长假期间都是汽车销售的黄金期。汽车企业和经销商更是不会错过推出一系列节日体验活动。例如，如今女性已不是汽车消费的边缘人，在驾校学习驾驶有时甚至六成是女性。由于女性购车时消费心理与男性有很大区别，更趋于感性，所以，很多汽车企业和经销商在节日期间往往会推出针对女性的试驾活动，而且还推出了类似翡翠金、芳香橙、运动蓝、经典红等女性喜欢的颜色。

### 2. 感情模式

感情模式通过寻找消费活动中导致消费者情感变化的因素，掌握消费态度形成规律及有效的营销心理方法，以激发消费者积极的情感，促进营销活动顺利进行。

例如，长安汽车的第一款微型轿车 CV6 出现"情侣款"，具体而言，就是该款车分男性款和女性款及标准款。

### 3. 文化模式

利用一种传统文化或现代文化，使企业的商品及服务与消费者的消费心理形成一种社会文化气氛，从而有效地影响消费者的消费观念，进而促使消费者自觉接近与文化相关的商品或服务，促进消费行为的发生，甚至形成一种消费习惯和传统。

### 4. 美化模式

由于每个消费者的生活环境与背景不同，对于美的要求也不同，这种不同的要求也反映在消费行为中。人们在消费行为中求美的动机主要有两种表现：一是商品能为消费者创造出美和美感；二是商品本身存在客观的美的价值。这类商品能给消费者带来美的享受和愉悦，使消费者体验到了美感，满足了对美的需要。

### 5. 服务模式

对企业来说，优越的服务模式可以征服广大消费者的心，取得他们的信任，同样也可以使产品的销售量大增。

当前，随着生产成本的上升和竞争的日益加剧，汽车生产企业的竞争压力越来越大，利润空间也越来越小。所以，在汽车营销过程中提升服务质量，注重售后服务，提高市场占有率，从服务中增加产品的附加值来提高利润，避免价格战，是汽车营销策略发展的必然趋势。

### 6. 环境模式

消费者在感受良好的听、看、闻过程中，容易产生喜欢的特殊感觉。因此，良好的购物环境，不但迎合了现代人文化消费的需求，也提高了商品与服务的外在质量和主观质量，还使商品与服务的形象更加完美。

### 7. 个性模式

为了满足消费者个性化需求，企业开辟出一条富有创意的双向沟通的销售渠道。在掌握消费者忠诚度之余，满足了消费大众参与的成就感，同时也增进了产品的销售。

### 8. 多元化经营模式

汽车 4S 店目前不仅环境舒适典雅，设有现代化维修保养设备，而且集配件、服务为一体，使消费者在购车和维修保养过程中都可感受到优质的服务。多数 4S 店为顾客在维修保养的等待过程中提供免费的各种饮品、午餐、上网等服务，使消费者自然而然地进行了心理调节，还能创造更多的销售机会。

**小知识**

### "特斯拉旋风"的魔与魅

从 2013 年末季亏损 8990 万美元，到 2014 年首季赢利 1125 万美元，从 2010 年向官方申请贷款资助 4.6 亿美元，到提前 9 年一次性清偿所有负债，美国特斯拉公司接连不断的完美转身令人瞠目。更让投资者叹为观止的是，2014 年以来，特斯拉股价大幅上行，最终突破 100 美元大关，市值膨胀至 130 余亿美元，以至人们面对特斯拉产生了其将成为"下一个苹果"的想象。

特斯拉的成功不仅取决于 Roadster 和 Model S 漂亮的外表，也不能完全归功于技术之力，其独特的市场战略与拓展模式不可或缺。与国内将电动车布局在公交车和出租车领域的定位不同，特斯拉一开始就将电动车定位在超级跑车。特斯拉对产品开发的商业模式遵循"三步走"发展战略：第一步开发高端、高性能运动型电动汽车，以足够的"炫"吸引第一批目标顾客；第二阶段开发价格接近奔驰、宝马等豪华品牌的电动轿车；第三阶段推出价格能被普通大众接受的低成本经济型电动汽车。售价高达 10.9 万美元的 Roadster 敞篷跑车及标配 7 万美元的 Model S 所赢得的市场热卖成效，足以证明特斯拉已走到了战略规划的第二步，而且还能由庞大明星顾客阵营强烈感受到特斯拉首期营销战略的成功。

必须强调的是，虽然 Roadster 和 Model S 目前都定位为高端产品，但并不是少数人才能够消费的奢侈品。特斯拉与银行合作向消费者推出了首付 10% 的车贷业务，而美国不同州的消费者可享受 7500～15000 美元的政府补贴，该补贴足以覆盖首付金额。如果扣除节省的油钱等因素，消费者每月最低仅需支付 500 美元就可以拥有一部 Model S。而三年以后，如果购买者愿意把车转售给特斯拉，将按奔驰 S 级的折旧率得到现金返还。这也被视为特斯拉在拓展消费人群方面的一个突破性举措。

## 模块四　　互联网 + 事件营销

### 单元一　互联网事件营销的含义与注意点

#### 一、互联网事件营销的含义

事件营销（EventMarketing）是指营销者在真实和不损害公众利益的前提下，有计划地策划、组织、举行和利用具有新闻价值的活动，通过制造"热点新闻效应"的事件吸引媒体和社会公众的兴趣和注意，以达到提高社会知名度，塑造企业良好形象和最终促进产品或服务销售目的的手段和方式。互联网事件营销，顾名思义，是指企业借助互联网平台，通过策划、实施可以让公众直接参与并享受乐趣的事件，通过热点事件达到吸引或转移公众注意力，并改善、增进与公众的关系，塑造企业良好的形象和促进产品销售的营销传播活动。传统事件营销和互联网事件营销最大的不同就是公众参与，传统事件营销是由企业主导的，而互联网事件营销是在公众参与和主导下的营销模式。

事件营销是国内外十分流行的公关传播与营销推广手段，它集新闻效应、广告效应、形象传播、客户关系于一体，并为新产品推介、品牌展示创造机会，建立品牌识别和品牌定位，快速提升品牌知名度与美誉度。事件营销被世界上许多知名企业所推崇，在汽车行业的成功范例更是比比皆是。但是多屏数字时代在丰富了汽车品牌营销手法的同时，也带来了信息的泛滥化和传播的碎片化。传统和常规的事件营销已经很难引发受众关注，触动到消费者的心智，特别是对于一直维持较高媒介投放的汽车行业。因此，巧妙、独特、不走寻常路的事件营销策略能起到更好的效果。

**二、互联网事件营销的注意点**

（1）企业运作事件营销的动机和过程应是合法的，要注重社会道德和社会责任的规范，并对消费者而言无任何负向外部性。

（2）事件营销是企业抓住社会上的热点事件，巧妙地策划出某一话题或事件，使人们的注意力由关注热点事件转到关注企业的方向上来，是企业进行自我展示的一种营销策略。

（3）事件营销是企业受整合营销传播理念的影响而采用的一种新型社会营销策略，通过借助被传媒报道的热点事件这一载体来以小博大，积极向大众展示企业的相关正向信息，以期望达到提升企业或品牌知名度与美誉度、促进产品或服务销售的目的。

（4）互联网事件营销注重于公众互动，公众参与互动是互联网事件营销的特点，因此在策划事件营销时关注公众的话题，与公众产生情感共鸣是非常重要的。

## 单元二　互联网事件营销策划的要点及步骤

互联网事件营销策划不同于传统的事件营销策划，企业策划人员应对互联网人群进行了解和分析，并熟悉互联网的传播特点，这样才能找出顾客感兴趣的话题，并对话题进行策划运作。

**一、互联网事件营销策划的要点**

1. 关联性

汽车厂商在操作事件营销时，应以公益性原则为指导，根据所要传播信息的具体内容、产品及行业的特点来选择具有新闻效应的事件，认真审视企业、品牌及产品的传播目标是否与事件相关联。2015年7月中旬，北京三里屯优衣库不雅视频流出后，部分企业"搭车营销"，其中包括知名汽车品牌、服装品牌、手机品牌等，数十条"优衣库相关汽车资讯"不断在刷低"三观"。部分经销商甚至开通公众号，生怕错过事件热点，从试衣间延伸到空间、安全、隔声效果等，将一场低俗事件演绎到汽车身上，持续放大并扩散负面事件，引起网友反感。

2. 创新性

汽车企业的营销人员要时刻保持营销创新的特点，把握时代发展的特点，在互联网创造的社交时代，社交群体的营销力不可小觑。

2015年1月21日，微信团队悄无声息地发了一条推广信息，开始测试朋友圈广告功能。1月25日，来自宝马中国、vivo、可口可乐三个品牌的首批微信朋友圈广告上线，迅速成为当晚朋友圈热议焦点。微信朋友圈广告采用了Feed信息流广告，与平常能够看到的朋友圈原创形式相似，由文字、图片信息共同构成，用户可以点赞或评论，看到朋友们给出的评论，并形成互动。

微信作为移动互联网的第一流量入口，朋友圈广告成为一块肥肉，而作为第一个尝鲜的宝马，自然收获了无数点赞。而此前有说法这种传播会基于大数据分析实现精准投放，然而，第一条广告出炉之后，受众面之广成为不管是中产还是小资们，都为收到这个广告推送而惊呼"买不起宝马的我等为何会收到宝马广告"形成新的话题，使得广告效果加倍。此后，虽有不少汽车品牌再次尝试朋友圈广告，效果均不如第一次惊艳。

3. 差异性

事件营销正面临着同质化的挑战，汽车行业流行的"碰撞试验""活动赞助"等已经很难实现传播目标。

4. 目的性

实际上，汽车厂商并不欢迎那些只叫好却不叫座的公关策划，促进销售才是企业的根本目的。这就要求厂商要善于有计划地策划、组织、举行和利用具有新闻价值的活动。2015年7月6日，"@路虎中国"发布微博赞叹一辆路虎SUV居然可以跑出20万km的路程。文中写道："有哪辆车可以陪你走过20万km"。殊不知，大多数汽车跑个20万km根本不是个事儿，于是"修不好的路虎"遭到了许多网友调侃。其他汽车品牌借此凑热闹、调侃并强烈鄙视了一把路虎。例如，开不烂的双田，修不好的路虎；20万km小试牛刀，100万km也毫无压力等。一时间，更引发了车主的感慨：官方宣称跑20万km，其中有15万km是去4S店的路。要么在修车，要么在去修车的路上。因此，在制造事件营销之前，好好制订营销目标才是一个好的互联网事件营销。

5. 震撼性

汽车厂商操作事件营销的着眼点就在于造势、借势。无论是借势操作，还是自行造势，震撼性很关键，因为需要震撼的不仅仅是媒体，还有目标受众。那么，如何保证事件的震撼性？一是提升事件的新奇程度；二是事件的创意性，即在出乎目标受众预料的情况下发生；三是做大事件的规模，大手笔运作事件，制造媒体或消费者闻所未闻的新闻是很重要的。例如，一汽轿车在北京道路交通试验场进行国内首家高空跌落试验，开创了国内汽车高空跌落试验之先河，并被评为当年年度汽车行业十大新闻之一。此外，汽车厂商还可以通过震撼性的事件营销产生轰动效应，乃至摄人心魄。亚洲第一飞人柯受良驾驶吉利美日轿车曾在世界屋脊布达拉宫广场激情飞越。实际上，这次活动震撼的不仅仅是媒体与现场观众，更重要的是那些潜在的经销商。

6. 新闻性

汽车厂商借助或制造热点事件、热点人物，创造新奇概念，引起媒体注意，捕获消费者注意力，已经成为企业公关传播的重要策略。简而言之，事件营销的本质就是"制造新闻"。从这个角度上讲，事件营销也可以这样理解：专业公关人员经过精心策划，有意识地安排某些具有新闻价值的事件在某个选定的时间内发生，由此制造出适合媒介报道的新闻事件。

**二、互联网事件营销的策划步骤**

优秀的汽车企业营销团队在做营销策划之前，详细而严谨的策划方案至关重要，尤其是互联网事件营销的策划方案。互联网人数庞大，专业人士非常挑剔，一旦热点开始发酵，就要经历各种评判，因此，不够科学的策划方案最后都有可能会错过热点，并降低企业形象。事件营销的策划步骤可以分为以下几个。

（1）识别热点话题：主要是分析热点话题能够引起公众关注和参与的程度，并分析该热点和企业产品的关联程度。

（2）分析社交群体：简单来说就是找出参与话题讨论的人群，既是产品的消费人群，也是事件营销的平台，做到有的放矢。

（3）制作专业的传播文件：无论是视频还是纸质宣传资料，一定要匹配目标人群的审美和兴趣，否则事件营销无法达到震撼性。

（4）配合公众进行话题讨论：一定要在话题开展过程中注意公众的讨论热度和参与程度，并有一定的控制话题能力，展开讨论或争议，避免讨论脱离主体。

（5）新闻媒体进行跟踪报道：为了扩大热点话题的影响力，传统新闻媒体和网络媒体的传播同样重要，配合宣传能够让热点和事件持续发酵，并形成更强的宣传力度。

（6）过程控制：要控制热点和事件的宣传作用和影响力，并调整策略。

（7）团队配合：对于一个成功的事件营销，一个优秀的公关团队是成功的关键，各司其职，互相配合与支持，弥补漏洞。

当然，互联网事件营销可以为汽车制造企业提升影响力和贡献销售增长率，但是互联网的宣传幅度过宽，企业在应用时也要遵守国家法律法规及当地的公序良德，不做低俗的事件营销，并承担一个企业的社会责任，这样才能长久地赢得顾客的信赖和支持。

## 模块五　　互联网+服务营销

### 单元一　服务营销的概述

1981年，布姆斯和比特纳在传统市场营销理论4P的基础上增加三个"服务性的P"，即人（People）、过程（Process）、物质环境（PhysicalEvidence）。

**一、关于服务营销**

（1）服务营销揭示了员工的参与对整个营销活动的重要意义。企业员工是企业组织的主体，每个员工做的每件事都将是客户对企业服务感受的一部分，都将对企业的形象产生一定的影响。应让每个员工都积极主动地参与到企业的经营管理决策中来，真正发挥员工的主人翁精神。

（2）企业应关注在为用户提供服务时的全过程。通过互动沟通了解客户在此过程中的感受，使客户成为服务营销过程的参与者，从而及时改进自己的服务来满足客户的期望。

企业营销也应重视内部各部门之间的分工与合作过程的管理，因为营销是一个由各部门协作、全体员工共同参与的活动，而部门之间的有效分工与合作是营销活动实现的根本保证。

（3）汽车服务营销的发展。经历了价格战阶段和产品质量竞争阶段后，汽车产业处于同质化的状态，服务将是一种独特的、满意的、超值的产品。21世纪，竞争的第一要素将是服务。为此，市场营销也从产品市场营销转向服务营销。

传统汽车销售，是以进销差作为利润实现的单一销售盈利，产品价值中没有包括服务，没有追求完整的价值链。销售商没有负起对用户的全部责任，不利于用户和厂家。汽车企业对服务的理解和使用范围还相对狭窄，只强调汽车实物分销服务，仅局限于对车辆的维修、保养服务。这就造成了汽车服务网络服务功能单一、品种较少、用户满意度低的现状。

由此可见，研究我国汽车服务营销存在的问题，对提高我国汽车企业竞争力，与国际汽车企业接轨是很必要的，也很有意义。我国汽车企业应抓住机会，尽可能迅速地走近顾客，把主要注意力从生产领域转移到营销领域，汽车服务营销不应仅局限于专业的销售人员，企业的每一位员工都有机会与顾客打交道，每一位员工都是企业提供服务的"窗口"，应从汽车设计开发，到生产制造，再到营销，将服务贯穿汽车"生命周期"的全过程，以汽车服务为纽带，创造企业、服务网络和顾客之间和谐关系的过程性服务。

### 小知识

#### 服务营销你准备好了吗

××汽车特约服务站成立两年多来，信守"以质量求生存，以信誉求发展"的服务宗旨，一步一个脚印，一年一个台阶，赢得了用户极高的赞誉，连续多年被评为"五星级服务站"和"全国优秀服务站"。

一、让顾客满意是我们的承诺

在市场经济中我们经常说顾客是第一位的，谁赢得了顾客，谁就赢得了市场。可顾客也有发脾气的时候，为什么呢？一句话就是对你的工作不满意，说明你的服务不到位。其实有时候我们也挺委屈的，明明是尽心尽力为用户修好了车，可由于顾客的不理解而导致对我们工作的不满。顾客不满意就说明我们的服务还有不到位的地方。在中国，私家车虽然发展很快，但有车族毕竟还是少数，他们都称自己的车为爱车。这说明车主对车爱护到了极点，容不得爱车有半点毛病。可这些爱车族又有几人懂得自己爱车的机械、维修、保养知识呢？所以，我们的服务既要保证质量，又要及时向顾客宣传有关爱车的知识。所以，在以后的售后服务工作中，我们又增加了服务内容，即随时向客户解释、说明、宣传，诸如车出现了什么故障、为什么会出现这样的故障、在今后的使用中要注意些什么问题等。有了这样的服务，顾客又怎么会不满意呢？告诉你一个绝招，顾客需要的不只是笑脸，而是实实在在的承诺。

点评：这句话说得好，顾客是第一位的，谁赢得了顾客，谁就赢得了市场。

**小知识**

因此，还有说法就是经销商是娘，用户是爷，表达的都是同一个道理，那就是顾客意愿不可违。表面看这是在做售后服务，实际上，这是在为公司做市场。

二、精湛的技术是我们成功的基础

俗话说，巧妇难为无米之炊。技术是硬件，服务靠技术这点来不得半点虚假，这已成为员工的共识。随着汽车保有量的持续增长，服务站的客户也在急剧增加，这说明了客户对我们的信任。越是在这种情况下，我们就越应该保证服务的质量，让客户有心而来，满意而归。同时，要在最短的时间内圆满地解决问题，这不是说说而已，而是要见真功夫，要做到判断准确，手到病除。

三、良好的职业道德是服务的保证

两年的实践中，我们深刻地体会到：培养员工良好的职业道德是我们做好服务的重要保证。大家都懂得我们从事的一切社会职业活动都是为了满足社会和群众的需要，都是从特定的领域为社会服务，特别是在市场竞争激烈的今天。由于我们从事的职业不同，这要求我们紧密结合职业分工，培养职工爱岗敬业的职业道德，包括对职业认识的提高、职业感情的培养、职业意志的锻炼、职业思想的树立，以及良好的职业行为和职业习惯。对待客户，技术人员主动热情，和蔼可亲，对待待修的车辆，他们细致地套上把套、座套、脚垫、戴上干净的手套，将车送入维修车间，那种认真细致的作风、娴熟的动作往往令客户感动不已。每辆从修理车间开出的车里里外外都会干干净净、整洁如新，使客户满意而归。很多客户也将公司当作一个落脚点，每当路过此地都会进来坐坐，闲暇之余也会进来聊聊。公司业务之所以兴旺，与这些新老客户的信任与爱戴是分不开的，同时这也是我们良好的职业道德的体现。

四、优美的环境是服务的窗口

优美的环境会使人神清气爽、心旷神怡。同时，环境也是反映公司管理水平的一个窗口，客户可以通过这个窗口看到我们的管理水平。公司地处北京市石景山区繁华地带，这里交通便利，紧邻五环，公司大门口迎着宽阔的公路，来往车辆穿梭不息，可院内秩序井然，干净整洁，车辆排放整齐，令人耳目一新。每当客户来临，那舒适的休息厅、热情的服务，都会使他们有犹如到家的感觉，使他们在等待的同时得到了一份舒适的休息与放松。

案例点评：让顾客在舒适的环境里等候车辆维修，可以缓解对产品本身质量缺陷的不满。不能简单地把提供比较好的休息场所当作对车主的尊重，实际上这是在间接地提升公司的形象和产品形象，最终会赢得更多的客户和市场。

## 二、服务营销观念与市场营销观念的区别

服务营销观念与市场营销观念有着质的不同，市场营销观念是以市场为导向，企业的

营销活动是围绕市场需求来做的，虽然它也重视产品的售后服务，但认为售后服务是解决产品的售后维修，认为售后服务部门是成本中心而不是利润中心，认为做好售后服务是为了推销出更多的产品。

服务营销观念是以服务为导向，企业营销的是服务，服务是企业从产品设计、生产、广告宣传、销售安装到售后服务等各个部门的事，甚至是每一位员工的事。售后服务也不是成本消耗部门，企业的产品在经过每一个部门都被赋予了新的增值。在服务营销观念下，企业关心的不仅是产品是否成功售出，更注重的是用户在享受企业通过有形或无形的产品所提供的服务的全过程感受。因此，企业将更积极主动地关注售后维修保养，收集用户对产品的意见和建议并及时反馈给产品设计开发部门，以便不断推出能满足甚至超出用户预期的新产品，同时在可能的情况下对已售出的产品进行改进或升级服务。

### 小知识

宝马汽车公司的服务促销措施：宝马汽车公司在世界各地的销售商都必须就宝马车的买卖、选型、运转功能、成本、保险甚至车用移动电话等特殊装备等细节问题，向用户进行内容广泛而深入的答疑和咨询服务。宝马汽车公司十分重视对中间商就用户的特殊服务和全面服务进行培训。除了境内众多的培训中心以外，宝马汽车公司在近东、远东及拉美地区都建有培训点。由于销售商直接与用户接触，宝马汽车公司认为销售商是宝马汽车公司的形象代表，经常对用户展开有奖调查，以发现销售商是否符合宝马汽车公司的要求。宝马汽车公司还设有 24 小时巡回服务，行驶在世界各地的宝马，一旦出现故障，只要一个电话，就近的巡回车就会赶到现场迅速排除故障。宝马汽车公司还对用户报废车进行回收，建有拆卸旧车试验场，既给用户带来好处，又符合环保要求。

从服务营销观念理解，用户购买了企业的产品，企业的营销工作仅仅是开始而不是结束。对用户而言，产品的价值体现在服务期内能否满足用户的需求。例如，一个移动通信用户选择了你的网络，购买了你的手机和 SIM 卡，显然买方与卖方的交易并没有结束，真正的交易在今后该用户长期使用你提供的网络通信服务并按时缴纳通信费，手机和 SIM 卡只是你向用户提供电信服务的媒介。同样，生产空调产品的企业，当用户购买了空调时也可看作营销工作的开始，因为用户买空调不是最终目的，而是买由企业提供的室内温度自动控制服务，只是用户已为这种服务预支了今后若干时间的服务费而已。在这里，空调也只是企业向用户提供室内温度自动控制服务的媒介。显然，这种观念与传统的市场营销观念有质的不同。企业将不再认为售后服务是成本中心，是不产生利润的。实际上这种观念给用户留下的体验是完全不同的，这将使企业与用户建立长久的、良好的客户关系，为企业积累宝贵的用户资源。

## 小知识

### 汽车微增长时代，服务如何创牌

把服务做成品牌早已不是什么新鲜事了。从 2002 年的"别克关怀"到 2004 年东风雪铁龙的"家一样的关怀"、东风标致的"蓝色承诺"，再到 2005 年上海大众的"Techcare 大众关爱"、2006 年一汽大众的"严谨就是关爱"，还有最近两年海马"蓝色扳手"，吉利的"吉娃"……

但是，随着中国车市"盲目膨胀"一去不复返，日渐明晰的微增长使汽车企业意识到服务品牌不能只停留在概念层面，而是应该成为差异化服务的重要棋子。因此，很多车企第一时间推出了售后服务品牌。例如，广汽菲亚特的全新售后服务品牌"Elite Service 菲凡尊享"，以"从心感受菲亚特"为核心理念，坚持以客户为先的服务承诺，用一流的设备、技术和环境为客户提供品质、快捷、便利、诚信、创新的产品和尊享的服务体验；上汽集团在 2012 年连续两次升级"尊荣体验·宅捷修"服务品牌，服务内容扩展至 80 项。

虽然车企的服务品牌化如火如荼，而模式背后依然是同质化的服务，如何树立差异化的服务品牌对车企而言就显得十分重要。对汽车品牌而言，开发差异化服务的途径之一是提供超出顾客预期、特色鲜明的基本服务。例如，DS 为车主提供一对一管家式服务，通过 24h 特色预约系统和整套透明车间管理系统，保证专业的流程、专业的团队和专业的设备，让客户亲眼看见在 1h 内完成对座驾的全面服务。

广汽菲亚特则为客户提供"专属第三方道路救援"，给予客户从新车交接到维修保养的全程化跟踪服务，确立了以新车交接为起点的 10 步标准服务流程。

东风日产推出的"7 天包换"政策，这在缺少"三包"服务的中国汽车市场意义重大。

江淮汽车旗下的多功能商用车江淮星锐在 2013 年 3 月推出了"星锐 520"服务品牌，将产品保修期由 2 年 8 万 km 提升至 5 年 20 万 km，全面覆盖动力、传动、悬架、制动、转向等主要系统总成和关键零部件，这开创了中国汽车市场乃至全球汽车市场的最长质保承诺。在"星锐 520"服务品牌架构下，公司为用户量身定制了"五星服务"保障体系，除了 5 年 20 万 km 超长保修，还提供一对一客户经理专人服务、24h 全天候服务热线、200km 流动服务支援及 100% 纯正原厂配件供应等五星级服务体验。通过延长服务时间实现行业突破，江淮星锐确立了差异化，让用户对其印象深刻。

广汽丰田也对自己的"真诚关爱"进行了再升级，提出"用车无忧"承诺。用户购车五年内，凡是购买广汽丰田生产的车辆，在特定意外事件下受第三方恶意破坏，广汽丰田经销商将对车辆损失和乘员伤害予以"车主零负担"补偿。

**小知识**

可以看出，不同车企的售后服务品牌理念各有侧重，有些车企走专业路线，追求售后服务的专业性，把严谨的造车理念应用到售后服务上；有些车企走温情路线，立足于人文关怀，以人为本，把温暖延伸到服务上。

不过，车企差异化服务最大的挑战在于，大部分服务创新很容易被对手模仿。尽管如此，定期导入创新元素的公司相对于竞争对手仍能获得连续的暂时优势，然后再通过立体营销传递企业核心的品牌承诺，让用户感受到与众不同的惊喜，逐步提高顾客忠诚度。

## 单元二 服务营销的常见手段

在汽车营销活动中，企业应一改往日单调的模式，采取一些新招数刺激消费者购买欲望。例如，通过以下方法也可以促进产品的销售。

### 一、服务促销

通过周到的服务，使客户得到实惠，在相互信任的基础上开展交易。主要形式有售前服务、送货服务、售后服务、供应零配件服务、培训服务、咨询信息服务等。

**小知识**

福田汽车曾开展主题为"信心源自品质"的福田汽车"全程无忧"服务促销大行动，其核心是为用户提供"20万km的超长保修"，是"销售与服务联动"策略的具体表现。此举一出，引起了业内的广泛关注。福田汽车经销商们高兴地表示，"超长保修"推出后，光是来看车的人就多了一倍以上。此次"全程无忧"服务促销大行动历时三个月，凡购买福田汽车旗下奥铃、福田风景、萨普、福田传奇等品牌产品的新用户，将赠送"全程无忧"金卡一张，并享受多达39种的关键零部件20万km保修，还送全免费保养一次。致力创建国内最具美誉度的汽车服务品牌的福田汽车，此次推出"全程无忧"服务大行动，展示了福田汽车对用户始终如一的关怀，也是对"让客户满意"服务理念深层次的演绎。

### 二、开展汽车租赁业务

对用户而言，汽车租赁可使用户在资金短缺的情况下，用少部分现钱而获得汽车的使用权。对汽车生产厂来说，汽车租赁可以拓宽销售渠道，增加汽车的销量。在欧美等汽车市场，包括高档车租赁在内的汽车租赁业务，已经发展得非常成熟。目前，国内对高档车的租赁需求也日趋活跃。例如，华晨宝马一直在积极努力，拓展大客户销售渠道和开拓租赁市场。华晨宝马首先在上海开展租赁业务后，在其他大城市也陆续开展这一服务。

### 三、先试用，后购买

汽车公司先将汽车产品交付用户使用，使用一段时间后，用户满意则付款购买，如不满意则退回公司。例如，华普汽车与其在石家庄特约经销商东盛汽车贸易有限公司共同主办了三天"试驾"体验活动，消费者在遵守活动规则的情况下，即可把新车开回家试用三天。

### 四、以旧换新

公司将收来的旧车经整修后，再售给那些买二手车的顾客。此种销售方法能满足用户追求新异的心理，又能保证车辆的完好技术状态，有较好的经济和社会效益。

这种服务营销可以说是汽车厂商应用最为广泛的一种方式。以旧换新在业界称为汽车置换。目前国内各大品牌纷纷开展汽车置换业务，一方面，可以满足市场中大量用户汽车更新的需求，提升竞争力；另一方面，也可以使厂商控制部分二手车车源，从汽车经纪业务中提高利润，以应对竞争日渐激烈和利润下降的汽车市场。例如，上海通用集团推出的诚新二手车业务打破了品牌的限制，也就是说，不管车主以前是否驾驶的是上海通用旗下的车型，都可以把旧车置换成上海通用的别克或雪佛兰品牌的新车。

随着互联网技术的发展，传统行业面临着越来越多的挑战。传统行业如果没有把握市场的未来，必将被新的挑战者替代。因此，市场营销的手段和理论也将面临挑战，汽车企业也必须不断地更新理念，不断摸索新的营销手段和适应新的变化，这样才能在不断变化的市场中取得竞争优势。

## 【章末阅读】

### 通用汽车网络营销的应用

通用汽车集团（www.gm.com）是世界上最大的汽车集团，它是由威廉·杜兰特于1908年9月在别克汽车公司的基础上发展起来的，成立于美国的汽车城底特律。除生产和销售汽车外，还涉足航空航天、电子通信、工业自动化和金融等领域。从汽车产量看，该集团占美国汽车产量的一半左右，而小轿车则占60%左右。通用汽车集团在美国最大五百家企业中居首位，在世界最大工业企业中位居第二。

在通用汽车集团的网站上，我们可以了解到通用的历史、现状，并预测到未来。通用汽车集团在网站的设计上充分利用了网站的分帧分层、既连续又间断的特点，将营销主题以渗透性的表现手法化解在各层各页上，具备十足的商业感召力。其在首页设计上充分体现了"关系唯上，客户至尊"的营销主题，阐明了通用汽车集团始终如一地以顾客为中心的营销思想。通用汽车集团在其品牌优势的基础上，致力于建立与强化和公众的关系，利用互联网辐射力开展关系营销。这样就可通过积极有效的获取发展并保持客户关系，最终使企业价值最大化。通用汽车集团网站的设计正是抓住了这一营销主体，并始终体现这一主体。网站按集团和产品两大部分来组织内容，配以经销商的评价，或是集团管理层对企业方针的阐述，在信息组织脉络上分为产品介绍、企业介绍和汽车导购，使访问者不但可以查询到遍布世界的汽车经销商、零售商和各种型号汽车制造分厂的目录，还可以查阅到通用汽车集团的历史和新闻及求职等消息，更可以向访问者提供多渠道、多选择的产品查询与购买方案规则，网上汽车导购成为站点不变的主题。另外，通用汽车集团还计划通过和主要的互联网企业结成联盟，使网站的访问流量比上一年增加10~15倍。

通用汽车中国日前正式启动公司改版后的网站（www. gmchina. com）。该网站以中文和英文两种语言向广大互联网用户提供有关通用汽车集团的相关产品、合作及服务领域的最新信息。通用汽车中国部总裁善能先生指出："在众多国外汽车制造商中，通用汽车集团是第一家在中国建立双语网站的公司。该网站内容广泛，而且是专门针对中国市场设计的。随着互联网在中国的迅速发展，建立一个信息丰富并以客户为中心的网站对于通用汽车集团来说是非常重要的。通用汽车中国网站向广大用户提供了大量信息，其中包含面向内地及香港市场销售的别克、欧宝、凯迪拉克及雪佛兰等产品的相关信息，还有客户服务信息。用户可以保存登记表格，查寻最近的通用汽车授权服务中心或零部件供应商，还可以查询某一特定产品的信息。此外用户还可查询通用汽车中国合资厂的背景资料及通用汽车中国发布的最新消息。"

# 第二部分　项目实施

## 环节一　情景引入

### 长城汽车决胜终端：又一场奠定江湖地位的大行动

说实话，直到今天，还有很多人不相信中国本土的汽车品牌能有光明的未来。

长城汽车董事长魏建军非常欣赏西方的定位理论：不贪大求全，聚焦于自己独特的优势。在这种聚焦战略的指导下，长城汽车抓住了 SUV 市场快速增长的机遇，通过打造 SUV 和皮卡的品类优势，切入汽车市场，成功建立了品牌。

然而，随着包括众多合资品牌在内的各大厂商都竞相杀入 SUV 市场，积极推出新款 SUV，长城汽车面临着新的挑战。而技术研发和品牌价值的提升需要长时间的积累，这就逼迫长城汽车继续在中短期内能见到明显绩效的营销上下功夫。正如魏建军对其总裁王凤英所说："我扼住的是产品的喉咙，你需要扼住市场的喉咙。"

于是 2011 年，长城汽车在全国范围内掀起"决胜终端"的渠道整顿，按季展开，目前已进行到第五季，投入大量人力、物力和资金集中力量解决终端问题，希望能做出一套在自主品牌中树立标杆的销售服务体系，并快速提升旗下经销商、服务商的销售服务能力。

在刚刚结束的决胜终端第四季中，长城汽车围绕"市场领先，客户满意"的营销战略，提出了一系列规范销售、服务行为的要求，包括建立 360 诚信体系和投诉处置快速反应机制，系统搭建诚信经营体系，加大力度打击不诚信行为，推动客户、经销商和公司三方良性沟通互动。

目前，七大项目均已圆满完成目标，其中销售流程"关键十刻"落实度达到 91.7%，服务流程"关键十刻"落实度达 89%，在销售、服务客户满意度和终端品牌形象方面都有大幅提升。

例如，为方便客户随时查询配件价格，长城汽车配件价格网络查询系统设置了企业官网查询、APP软件查询等不同查询方式。当客户在服务站对车辆进行保养、维修时，4S店客户休息区的醒目位置摆放了桌牌，对官网查询路径、400服务热线、配件服务热线及服务承诺等信息予以公示，让消费者对各项服务举措一目了然；严厉打击以配件高报价、高收费等形式故意欺骗客户的不诚信行为，对于已落实的高收费部分，4S店必须10倍差价返还给客户。

据悉，决胜终端第五季将以真诚、专业和品位为主线，从"人车店客系"全面打造哈弗品牌；同时推进以移动维修服务车、24h便利店和大型维修中心为代表的维修服务新模式；提升数字化营销管理水平，建立快速反应机制，升级新时代客户关系管理体系。

在央视财经论坛发布的2013年中国制造业自主品牌价值评价中，长城汽车以89.97分位列汽车制造品牌强度总排名第一位，品牌价值159.39亿元，仅次于上汽集团。在2013年（第三届）中国汽车售后服务大会上，长城汽车继2012年后再次摘得自主品牌组"中国汽车售后服务优秀品牌"大奖。

魏建军说："品牌价值提升的基础就是要建立真诚、诚信、值得信赖的客户关系，长城人必须以真诚的心态为客户服务，让客户得到更多满意，创造客户惊喜，甚至感动。只有把诚信做彻底、做透，说到做到，绝不放空炮，敢于承诺，把每件小事做真做实，品牌价值才会有大幅度提升。"

[资料来源：销售与市场（渠道版），2014（2）]

## 环节二 任务设计

任务一：仔细阅读《通用汽车网络营销的应用》一文，分析通用汽车集团的网络营销策略，并撰写小论文，3000字。

任务二：结合情景引入案例内容，提炼长城汽车决胜终端的策略特点。

任务三：各组派代表赴汽车4S店尝试体验营销的感受。

任务四：制作PPT，展示并讲解。

## 环节三 项目考核（表8-1）

表8-1 项目考核

| 考核类别 | | 考核指标 | 考核等级 | | | |
|---|---|---|---|---|---|---|
| 过程考核 | 通用技能 | 交际表达，团队合作 | □及格 | □中等 | □良好 | □优秀 |
| | | 数据分析，市场敏感 | □及格 | □中等 | □良好 | □优秀 |
| | | 创新能力，数据收集 | □及格 | □中等 | □良好 | □优秀 |
| | 专业技能 | 产业趋势，市场预测 | □及格 | □中等 | □良好 | □优秀 |
| | | 顾客管理，工具应用 | □及格 | □中等 | □良好 | □优秀 |
| | | 竞争分析，创新策略 | □及格 | □中等 | □良好 | □优秀 |

（续）

| 考核类别 | | 考核指标 | 考核等级 |
|---|---|---|---|
| 结果考核 | 分析报告 | 专业用语，文笔流畅 | □及格  □中等  □良好  □优秀 |
| | | 市场把握，分析透彻 | □及格  □中等  □良好  □优秀 |
| | | 逻辑缜密，结构完整 | □及格  □中等  □良好  □优秀 |
| | PPT 制作 | 构图雅致，层次感强 | □及格  □中等  □良好  □优秀 |
| | | 文字凝练，重点突出 | □及格  □中等  □良好  □优秀 |
| | | 图文得当，画面清晰 | □及格  □中等  □良好  □优秀 |

## 环节四  任务评价

1. 各组代表阐述体验营销的感受和收获。
2. 互评各组发言人的个人及团队表现。
3. 教师总结、评分。

## 环节五  课后作业

针对吉利汽车集团某款产品，请设计一个微信推广策略方案。

# 参 考 文 献

[1] 张发明，郭元. 市场营销——理论与项目化教程 [M]. 北京：清华大学出版社，2016.

[2] 戚叔林，黄志雄. 汽车营销 [M]. 北京：机械工业出版社，2015.

[3] 高婷婷. 汽车营销 [M]. 北京：清华大学出版社，2014.

[4] 谢金华. 汽车营销 [M]. 北京：人民交通出版社，2014.

[5] 李杰. 汽车营销客户关系管理实战 [M]. 北京：化学工业出版社，2014.

[6] 刘凯，鞠鲁粤. 汽车营销 [M]. 北京：清华大学出版社，2014.

[7] 麦德齐，保罗 B 布朗. 大数据营销 [M]. 王维丹，译. 北京：机械工业出版社，2014.

[8] 张发明. 汽车品牌与文化 [M]. 2 版. 北京：机械工业出版社，2013.

[9] 李磊. 汽车营销 [M]. 北京：人民交通出版社，2013.

[10] 何瑛，马钧，徐雯霞. 汽车营销策划 [M]. 2 版. 北京：北京理工大学出版社，2013.

[11] 苑玉凤. 汽车营销 [M]. 北京：机械工业出版社，2013.

[12] 丁树雄. 汽车营销攻"尖"战 [M]. 北京：中国经济出版社，2013.

[13] 林凤，王海红. 汽车营销理论与实务 [M]. 北京：化学工业出版社，2013.

[14] 郑超文. 汽车营销 [M]. 北京：人民交通出版社，2013.

[15] 汪泓. 汽车营销实务 [M]. 北京：清华大学出版社，2012.

[16] 伍静. 汽车营销策划 [M]. 北京：化学工业出版社，2012.

[17] 蒋卫华，廖建国. 汽车营销 [M]. 北京：机械工业出版社，2012.

[18] 才延伸. 汽车营销 [M]. 上海：同济大学出版社，2012.

[19] 刘学明. 汽车营销策划实务 [M]. 上海：上海交通大学出版社，2012.

[20] 谢忠辉. 汽车营销与服务 [M]. 北京：机械工业出版社，2012.

[21] 田晟，杨卓. 汽车营销 [M]. 广州：华南理工大学出版社，2012.

[22] 成玉莲，常兴华. 汽车营销 [M]. 北京：北京理工大学出版社，2011.

[23] 夏长明. 汽车营销 [M]. 北京：机械工业出版社，2011.

[24] 裘文才. 汽车营销 [M]. 北京：机械工业出版社，2011.

[25] 葛慧敏，余伟. 汽车营销 [M]. 北京：国防工业出版社，2011.

[26] 李杰. 汽车营销 [M]. 北京：北京理工大学出版社，2011.

[27] 王彦峰. 汽车营销 [M]. 北京：人民交通出版社，2010.